NO CANAL À ESQUERDA

NO CANAL
À ESQUERDA

Alex van Warmerdam

tradução
Giovana Soar

consultoria de tradução
Mariângela Guimarães

Cobogó

COLEÇÃO
DRAMA-
TURGIA
HOLANDESA

Sumário

Sobre a tradução,
por Giovana Soar — 7

NO CANAL À ESQUERDA — 11

Sobre a Coleção Dramaturgia Holandesa,
por Isabel Diegues — 139

Sob as lentes da internacionalização de
dramaturgias: Países Baixos em foco,
por Márcia Dias — 143

Criando laços entre Brasil e Holanda,
por Anja Krans — 147

Núcleo dos Festivais: Colecionar,
um verbo que se conjuga junto,
por Núcleo dos Festivais Internacionais
de Artes Cênicas do Brasil — 149

Sobre a tradução

A tradução para mim é uma alegria. Uma satisfação. Não é um trabalho, é uma relação de amizade, de afeto com a palavra do outro. E, no meu caso, de profunda admiração. É um lugar de privilégio e labor. Um lugar muito gratificante.

O meu exercício da tradução de dramaturgia é guiado primeiro pela "língua" do autor, um trabalho que se concentra nos detalhes e num mergulho nas especificidades (linguísticas e estéticas). Em seguida vem o trabalho sobre a "palavra falada". Muito diferente da escrita literária, o texto teatral é feito para ser dito. A língua falada tem suas idiossincrasias, e é preciso estar dentro da língua, com a língua, a favor dela. Acredito que o princípio da tradução seja o respeito e a capacidade de leitura/escuta dessa linguagem própria. Um exercício de transposição/transcriação o mais fiel possível.

A dramaturgia contemporânea tem me revelado, por meio de seus autores, um universo rico, profundo, às vezes novo e inusitado, mas certamente sempre inspirador e contundente. É um aprendizado constante e inesgotável.

O texto de Alex van Warmerdam nos coloca diante de uma realidade distópica, expõe relações familiares peculiares em um pseudofuturo. Futuro este que não queremos alcançar e certamente pessoas que não desejamos ser. Melhor ter essa realidade apenas na ficção. A leitura deste texto, assim como sua possível encenação, nos questiona em que mundo queremos viver, para onde vamos e como queremos livrar desse mundo os nossos sucessores. Um texto cruel, duro, direto, sem ironias. Um texto relevante nesse momento pós-pandêmico. Essa espécie de "previsão da vida futura" só nos coloca a certeza de que necessitamos seguir na arte.

Giovana Soar

NO CANAL À ESQUERDA

de Alex van Warmerdam

Personagens

ARNO MEYERBEER — O PAI
CRISTINE MEYERBEER — A MÃE
MAKIN MEYERBEER — O FILHO
ANGÉLICA MEYERBEER — A FILHA
LU BOUMAN — O PAI
LUCIEN BOUMAN — O FILHO

Aos diretores e atores:
Favor não abordar o texto de maneira psicológica. Sem sentimentalismos.
A dinâmica do texto deve ser leve, seca e enérgica.

1.

Arno Meyerbeer entra. Ele veste uniforme de policial.

ARNO:
Boa noite.

É realmente fantástico o que acontece lá fora nas ruas e nas praças. Não apenas nas cidades, mas também nos vilarejos e nas aldeias: todos estão excitados, todo mundo está reativo. É emocionante ver os bordados feitos a mão que balançam ao vento, nos mastros.

Em Dourados, um porco foi abatido pelo prefeito. Com uma marreta. Duas marretadas e estava feito.

Em Americana eles riram. Marushka cantou, mas as pessoas não conseguiram entender nada com seu sotaque forte. O assessor do prefeito lançou a primeira pedra, o público seguiu o exemplo. Marushka está no hospital, mas está se recuperando bem. Nós não somos monstros. José de Holanda escreveu uma comédia musical sobre nós, sobre nosso modo de vida. A estreia foi ontem à tarde em São Paulo. As matérias falam que o público estava exultante. Mais tarde, festejando, os espectadores puseram fogo no Museu de Belas Artes.

A Senhora Moraes de Diamantina ganhou o concurso do mais belo jardim. E as gêmeas loiras de Belém vão se casar com os irmãos Wilson de Aparecida do Norte, todos dois hábeis advogados, dois homens honestos com uma horta.

E assim vamos progredindo.

Um mundo livre está chegando. E ainda por cima faz sol. Uma brisa leve, o sol aquece. E não sem razão. Deus nos protege, meus amigos. E isso nem sempre foi o caso. Eu estou vendo uma sala cheia. É lá fora onde tudo isso está acontecendo, mas todos vocês vieram até aqui. Eu não sei se vocês fizeram bem. Mas eu os aconselho a não esperar grande coisa.

Arno sai.

Lu entra. Ele mostra uma placa em que está escrito: MUITOS ANOS DEPOIS.

2.

Do lado esquerdo do palco vive a família Meyerbeer e do lado direito, a família Bouman. Cristine dorme no sofá. Arno, ainda de uniforme, está ao lado dela. Cristine acorda num sobressalto.

ARNO:
Bom dia, minha Cristininha adorada. Dormiu bem?

CRISTINE:
É, mais ou menos.

ARNO:
Isso é uma ótima notícia.

Vamos, de pé, vamos dar alguns passos.

Cristine se levanta do sofá e dá alguns passos.

ARNO:
E então?

CRISTINE:
Mais ou menos.

ARNO:
Então hoje, de pé.

Angélica entra.

ANGÉLICA:
Ainda temos alguma coisa para comer?

CRISTINE:
Nem olha pra mim.

ANGÉLICA:
Eu tô com fome, pai. Eu não como nada faz três dias.

Eu preciso comer alguma coisa. Eu não posso atravessar a rua assim, né? Eu tô caindo de fraqueza.

Silêncio. Angélica sai.

CRISTINE:
Aonde foi parar seu salário?

ARNO:
Vai vir, segundo o Schmidt.

CRISTINE:
Você precisa encher o saco dele.

ARNO:
Eu tô enchendo.

CRISTINE:
Mas que história é essa? Você faz o seu trabalho, não é mesmo? Isso merece ser pago, não?

ARNO:
Sim, e o Schmidt também acha isso...

CRISTINE:
Você tem sorte que eu sofro dos nervos, Arno, senão eu também ia estar com fome.

ARNO:
Eu vou pedir uma reunião com o Schmidt hoje mesmo.

CRISTINE:
Uma reunião! Você não pode simplesmente ir ao escritório dele?

ARNO:
É isso que você quer?

CRISTINE:
Claro, é isso que eu quero!

ARNO:
Então é isso que eu vou fazer.
Aliás, seria bom que você também ganhasse um pouco de dinheiro.

CRISTINE:
Para com esse tom de superioridade, Arno Meyerbeer.
Eu tenho uma entrevista daqui a uns dias.

ARNO:
O quê? Uma entrevista de emprego?

CRISTINE:
Sim.

ARNO:
Mas isso é ótimo! Cristininha, meu coração, isso me deixa muito feliz.

CRISTINE:
Sim, eu também.

ARNO:
Em qual empresa?

CRISTINE:
Eu ofereci meus serviços para o Lucien Bouman.

ARNO:
Lucien Bouman?

CRISTINE:
Sim. Sem xingamentos, por favor, querido.

ARNO:
Como se fosse fácil!

CRISTINE:
Eu sei, meu amor.

ARNO:
O que eu devo fazer? Como é que eu devo reagir?

CRISTINE:
Ao menos, não diga não.

ARNO:
Malditos sejam os deuses, Cristininha. Eu prefiro virar uma planta.

Angélica entra.

ANGÉLICA:
Alguém viu meu biquíni amarelo?

Silêncio. Angélica sai.

CRISTINE:
As coisas vão mudar, Arno.

Eu conheço Lucien desde sempre. E, mesmo assim, a gente nunca trocou uma só palavra. Nem mesmo um olhar. Até a semana passada; aí, de repente, ele me cumprimentou.

ARNO:
Cumprimentou, do nada?

CRISTINE:
Cumprimentou, do nada.

ARNO:
Mas, coração, como você pode ser tão boba. Lucien Bouman ia te cumprimentar assim do nada?

CRISTINE:
Ele tem uma cara péssima, é verdade, mesmo quando ele diz bom dia parece que tem alguma coisa por trás, mas eu não quero vasculhar mais a fundo, Arno. Eu tomei isso como uma aproximação, mesmo sendo ainda bem discreta.

ARNO:
É um canalha.

CRISTINE:
Eles querem fazer as pazes. Isso não é proibido, não é mesmo?

ARNO:
Que absurdo!

CRISTINE:
Escuta. Lucien Bouman tem meios. Ele bebe café, café com açúcar. Você ainda se lembra do gosto disso?

Ele se deu bem, a gente não. Que você deteste o pai dele, eu posso entender. Mas por que o Lucien? Ele é o filho, é outro homem.

ARNO:
Vamos deixar essa história quieta por 24 horas. Não vamos nem pensar nem falar sobre isso.

CRISTINE:
Ainda tem Metoprolol?

ARNO:
Não tem mais.
Eu preciso ir.

CRISTINE:
Eu quero que você volte com dinheiro: não deixa o Schmidt te enrolar.

ARNO:
Me enrolar? Eu faço ele ficar de joelhos, tá?! Esse bosta desse Schmidt com aquele bigode ridículo e aquela cara de cu.

Arno sai.

3.

Lu está sentado na cama, de vez em quando cheira cola num frasco.

Lucien guarda papéis dentro de uma bolsa.

LU:
Eu não estou de acordo.

LUCIEN:
Não está de acordo com o quê?

LU:
Com isso que você vai fazer. Tira isso da cabeça. Se a situação está tensa é melhor deixar como está.

LUCIEN:
Você tá preocupado, mas não sabe nada do que tá acontecendo.

LU:
Você mandou uma carta para Cristine Meyerbeer.
O que que você tá inventando, Lucien?

LUCIEN:
Eu ainda não sei direito.

LU:
O que que tem nessa carta?

LUCIEN:
É uma correspondência profissional.

LU:
Ah, então você tá dando uma mãozinha para ela...
Não bagunça tudo, por favor. As coisas devem ficar como estão.
Senão o que que eu vou dizer pros meus ancestrais lá em cima?
E você pros seus filhos?

LUCIEN:
Filhos?

LU:
Seus descendentes.

LUCIEN:
Quais descendentes?

LU:
Meu Deus, você é assim tão pessimista?

LUCIEN:
Pessimista? Você ainda tá cheirando cola?

LU:

Eu tô ligado. Eu tô entendendo e compreendendo tudo o que você tá dizendo.

LUCIEN:

Quem, em nome de Deus, eu poderia fecundar?

LU:

Por acaso você é gay? Ou tem um pintinho?

LUCIEN:

Chega! Vai passear, sai daqui, eu não tenho que te explicar nada. Porra. O mundo tá reduzido a uma situação elementar. A gente tá no último capítulo e você fica pensando em netos?

LU:

Eu quero que os Meyerbeers se fodam!
E você devia querer o mesmo.

LUCIEN:

Você não tá em condição de me dizer o que eu tenho que achar. Seu cérebro tá detonado. Eu ainda tenho um futuro, você não.

LU:

Acontece que a gente tem um passado em comum.

LUCIEN:

Você tá delirando. Eu aceito, eu escuto. Por gentileza, por educação. Você devia ficar contente com um filho como eu. Eu tenho projetos.

LU:

Eu quero estar informado.

LUCIEN:
Você tem que calar essa boca. Você tá velho, aceita. Seja velho. Vai passear, olhar o céu, contar os passarinhos.

LU:
Eu sou seu pai.

LUCIEN:
Eu tô seguindo em frente. E eu não quero chateação.

LU:
Eu prometi pra sua mãe que eu ia proteger você pra não tomar decisões erradas.

LUCIEN:
Mas eu não prometi nada para ela. Se você atrapalhar meus projetos, eu pego uma faca e te enfio no coração.
Agora vaza.

LU:
Como?

LUCIEN:
Eu quero você fora daqui. Você me atrapalha.
Levanta, pega teu chapéu, tua bolsa. Fora.

Lu sai.

4.

Angélica sai de biquíni, estende uma toalha de praia no chão e se deita.

CRISTINE:
[*no sofá de dentro de casa*] Makin!

Makin sai da sua oficina.

CRISTINE:
Makin, vai até o Wangshu e pede pra ele uma caixa de Inderal e uma caixa de Rivotril.

MAKIN:
Você tá doente?

CRISTINE:
Sim, querido, tá voltando.

MAKIN:
Você tá pirando de novo?

CRISTINE:
Sim, eu tô pirando de novo. Você sabe o que é isso? Tremores na barriga, o coração que bate num ritmo de merda?

MAKIN:
Não, não sei.

CRISTINE:
Onde tá Angélica?

MAKIN:
Deitada ali fora.

CRISTINE:
Pergunta se ela pode me fazer um caldo quente.

Makin olha Angélica. Ela manda ele "tomar no cu" com o dedo.

MAKIN:
Ela disse que não. Ela tá bem lá fora.

CRISTINE:
Por que eu tô tão nervosa?

Por que eu não sou uma mulher porreta que não tem medo de nada?

Arno entra com os sapatos na mão.

ARNO:
Makin, pega pra mim uma bacia de água quente.

MAKIN:
Agora?

ARNO:
Sim, agora. É uma questão urgente.

Makin põe uma bacia no chão.

CRISTINE:
Falou com o Schmidt?

ARNO:
Eu preciso me concentrar nos meus pés agora, querida.
Tô com muita dor, tá?

Arno coloca os pés descalços dentro da bacia. Makin derrama a água quente.

ARNO:
Ai. Ai. Caralho! Tá fervendo, porra.

Arno se senta numa cadeira.

CRISTINE:
Falou com o Schmidt?

ARNO:
Cristininha, eu acabei de chegar, tô com dor nos pés.

Silêncio.

ARNO:
Será que a água já tá boa?

MAKIN:
Tá.

Arno volta para a bacia.

ARNO:
[*para Makin*] Se tiver chá, eu gostaria de uma xícara.

Makin vai buscar uma xícara de chá. Arno bebe o chá de pé, com os pés na bacia.

MAKIN:
Posso ir, ou tenho que ficar?

CRISTINE:
Não. Eu me viro.

MAKIN:
Se você não se sente bem...

CRISTINE:
É esse cretino do Lucien Bouman que tá me matando.

MAKIN:
Cancela, então.

CRISTINE:
O quê?

MAKIN:
Mãe, isso é uma vergonha, uma humilhação.

CRISTINE:
Pedir emprego?

MAKIN:
Pedir emprego para o Lucien Bouman, sim.
Eu não entendo vocês, de verdade.

ARNO:
Fica quieto. Você acha que eu estou contente por acaso? Mas os tempos mudaram, as circunstâncias mudaram.

MAKIN:
Então meus pais vão se rebaixar para o Lucien Bouman?

ARNO:
A gente precisa manter nossa família. É nosso dever não deixar passar nenhuma oportunidade para ganhar dinheiro.

MAKIN:
Tô indo. Tchau.

Makin sai.

CRISTINE:
Arno?

ARNO:
Não, eu não falei com o Schmidt.

CRISTINE:
Por quê?

ARNO:
Ele não estava.

CRISTINE:
Por quê?

ARNO:
Eu não sei por quê.

Silêncio.

CRISTINE:
Eu não tô me sentindo bem.

ARNO:
Eu também estou com dores.

Cristine se deita e adormece.

5.

Angélica espalha protetor solar no corpo. Lucien observa.

ANGÉLICA:
[*levantando o frasco de protetor solar*] Pai?

Arno anda até Angélica, quer passar protetor nas costas dela.

LUCIEN:
Me deixa fazer isso, Senhor Meyerbeer?

Arno coloca Angélica de pé e fica na frente dela.

ARNO:
A gente não aprecia a sua presença.

ANGÉLICA:
Eu não me incomodo que ele passe.

ARNO:
Tem alguma coisa que eu deveria saber?

ANGÉLICA:
Pai, é constrangedor.

LUCIEN:
Senhor Meyerbeer, me permita interromper um instante?

ARNO:
Não, eu não te permito nada.

Não vamos complicar as coisas. Tá me entendendo?

LUCIEN:
Não, Senhor Meyerbeer.

ARNO:
Eu acho que seu pai não ia gostar de ver você paquerar a nossa Angélica.

LUCIEN:
Não tenho nada a ver com meu pai.

ANGÉLICA:
Alguém vai passar protetor em mim?

ARNO:
Escuta aqui, Lucien, você sabe como isso é delicado.

ANGÉLICA:
Pai, eu quero que o Lucien passe protetor em mim.

ARNO:
De jeito nenhum. Nenhum Bouman vai alisar suas costas.

LUCIEN:
Eu posso saber por quê?

ARNO:
O peso do passado.

LUCIEN:
Senhor Meyerbeer, o peso do passado é o peso de vocês, não o meu.

ARNO:
Eu não quero mais falar sobre isso.

LUCIEN:
O senhor não acredita que minhas intenções sejam boas?

ARNO:
Você escreve para minha mulher, o que já é bem insolente, e agora você quer passar protetor nas costas da minha filha.

LUCIEN:
Eu posso lhe fazer uma pergunta de homem para homem?

ARNO:
Melhor não.

LUCIEN:
Vou perguntar mesmo assim. O senhor tá com os pés bem no chão?

ARNO:
Certamente.

LUCIEN:
O senhor sabe em que época nós vivemos?

ARNO:
Sim, muito bem.

LUCIEN:
E o senhor tem alguma ideia sobre o futuro? O que vai nos acontecer?

ARNO:
Eu não sei o que você tá querendo dizer.

LUCIEN:
O senhor sabe muito bem.

Lucien se afasta e se deita na cama.

ARNO:
Não caia nessa armadilha, Angélica. Por favor.

ANGÉLICA:
Por que ele não pode passar protetor nas minhas costas?

ARNO:
Ele é um Bouman. Tira ele da cabeça.

Cristine acorda.

ANGÉLICA:
Ele é meu vizinho.

ARNO:
O sangue deles é poluído, misturado com o dos romenos, dos paquistaneses, com os povos do deserto. Sangue oportunista, sangue de ladrão. Eles são incorrigíveis, acredite em mim.

ANGÉLICA:
Nesse caso, isso estaria estampado na cara dele, né? Lucien é branco como algodão.

ARNO:
Você já ouviu falar dos genes?

Na transmissão de traços de caráter eles não falham nunca. Mas quando é sobre a nossa aparência exterior, eles fazem essa confusão: negros que são brancos, judeus que são negros.

CRISTINE:
Ei, para com isso.

ARNO:
Coração, eu só tô contando uma história, um conto.

CRISTINE:
Negros brancos, judeus negros, isso é uma história?

ARNO:
Uma história de terror.

CRISTINE:
Para já com isso.

ARNO:
Tá bem. Eu não sei de mais nada.

CRISTINE:
Você não sabe mais nada do quê?

ARNO:
O que eu posso ou não falar.

Lucien se saiu bem. Eu não consigo viver nessa bagunça. Isso me dá vontade de pegar a minha pistola e atirar em tudo que se mexe. [*para si*] Calma, Meyerbeer. Você é policial. Seu único dever é acalmar os ânimos.

Arno sai.

6.

Makin entra e vai até sua oficina.

Angélica recolhe e enrola a toalha.

MAKIN:
Aonde você vai?

ANGÉLICA:
Estou cansada. Vou dormir. E você?

MAKIN:
Ainda tenho trabalho pra fazer.

ANGÉLICA:
O que é essa história com os Boumans?

MAKIN:
Hein? Por quê?

ANGÉLICA:
O pai disse que o sangue deles é poluído.

MAKIN:
Por que ele disse isso?

ANGÉLICA:
Lucien queria passar protetor em mim, nas minhas costas.

MAKIN:
[*se aproxima de Angélica e pega no braço dela*] Você foi na casa do Lucien?

ANGÉLICA:
Ai, tá me machucando. Me solta!

MAKIN:
Eu perguntei se você foi na casa dele?

ANGÉLICA:
Não! Eu perguntei se nosso pai podia passar protetor em mim e de repente o Lucien apareceu.

MAKIN:
Ele se ofereceu, foi isso?

ANGÉLICA:
Sim. O que tem de mau nisso?

MAKIN:
Então você não sabe nada?

ANGÉLICA:
Sei o que o pai me disse.

MAKIN:
E o que foi que ele disse?

ANGÉLICA:
Que o sangue dele é misturado com o dos paquistaneses, com o povo do deserto, e que eles são todos ladrões.

MAKIN:
O pai sempre faz escândalo. Mas é bem pior que isso. O sangue deles não é misturado. Eles são ladrões brancos. O pior da nossa espécie. Fica longe deles, Angélica.

ANGÉLICA:
Ficar longe? Nós somos vizinhos.

MAKIN:
Vou ser mais claro: se você sentir o hálito dele é porque está perto demais.

ANGÉLICA:
Não posso levar isso a sério, Makin. De repente isso tudo cai do céu.

MAKIN:
Porque agora você cresceu, maninha. Você acordou.

ANGÉLICA:
Por acaso um dos Boumans já te roubou alguma coisa?

MAKIN:
Pergunta pro pai como eles fazem. De qualquer maneira, eu odeio eles. São nossos inimigos.

ANGÉLICA:
Você odeia o Lucien?

MAKIN:
Eu tô de olho nele. Eles tomam café com açúcar. E a gente, não. Isso já basta.

Angélica se afasta.

MAKIN:
É uma família dissimulada.

Makin entra na oficina.

7.

Lucien está na cama.

Lu Bouman entra e fica longe dele.

LU:
Lucien?

Lucien não reage.

LU:
Lucien?

Silêncio.

LU:
Lucien, levanta. Vamos aprontar umas maracutaias por aí hoje. Não se faça de bobo. Sai da cama, vamos aprontar umas.

LUCIEN:
Não tô com vontade.

LU:
O que você quer, então?

LUCIEN:
Dormir.

LU:
Mas quanto tempo ainda, filho?

LUCIEN:

A vida tem diferentes fases. Agora eu estou na fase do sono!

LU:

E eu, enquanto isso, envelheço. Logo, logo a gente não vai mais conseguir trabalhar juntos.

LUCIEN:

Não é na rua que eu vou encontrar minha felicidade.

LU:

E aonde mais? Essas tretas, é tudo o que a gente sabe fazer.

LUCIEN:

Você só sabe fazer isso: tretas. E às vezes nem isso. Esses arranjos são bons em tempos de guerra. Mas a gente não está em guerra.

LU:

Pra mim, sim.

LUCIEN:

Ei, fica longe! Não se aproxime tanto. Pra trás.

Pelo menos três passos pra trás. Sem trapaça. Pra trás.

Você pode até ir embora. Eu já disse o que tinha pra dizer.

LU:

Vamos, Lucien. Hoje o dia tá bonito. Não deixa passar essa chance.

LUCIEN:

Eu tô sem fome, sou bem-humorado por natureza e quero dormir. Não se preocupe comigo.

LU:
Sim, eu me preocupo. Você não conhece nada de nada. O que você conhece do nosso bairro, da nossa língua? O que você sabe sobre jogos duplos, os sinais dos chineses, as promessas dos ciganos?

LUCIEN:
Eu não quero saber nada sobre isso, não é aí que tá meu futuro.

LU:
Esse é o único futuro. Você quer continuar sendo um idiota?

LUCIEN:
Como é que eu vou continuar sendo um idiota se eu não sou um idiota?

LU:
Pra essas respostas você tá cheio de energia.

LUCIEN:
Você quer me ensinar a fazer essas maracutaias nas ruas. Eu tenho que seguir seus passos. Você quer que eu esteja a sua altura, isso é o que você mais quer. Mas de que altura estamos falando? Você se dá mal em nove, de cada dez dessas tuas trapaças.

LU:
Sim, e isso não é nada mal nos dias de hoje, meu filho. Você não sabe do que tá falando.

LUCIEN:
Eu não tô a fim de saber.

LU:
Veja isso como um ponto de partida. Para sobreviver.

LUCIEN:
"Sobreviver", mais uma das suas expressões.

LU:
Você tem alguma coisa para beber?

LUCIEN:
Pai, me deixa dormir agora.

LU:
Eu posso ficar um pouco, só pra escovar os dentes?

LUCIEN:
Chega dessa conversa mole.

LU:
Meus dentes estão sujos.

LUCIEN:
Como se você alguma vez tivesse se preocupado com seus dentes.

LU:
Por favor, Lucien, eles estão muito sujos.

LUCIEN:
Você tá começando a me encher de verdade. Você usa dentadura, lava ela numa poça d'água.

LU:
Me deixa só um pouquinho aqui, só isso. Só um momentinho em segurança.

LUCIEN:
Eu te botei pra fora ontem. Eu não quero mais te ver aqui por perto.

LU:
Por que você é assim tão cruel? Eu te vi nascer, troquei tuas fraldas. Nos teus 9 anos eu gastei todas as minhas economias pra te dar um carrinho de pedalar.

LUCIEN:
De onde você tirou esse carrinho de pedalar? Da última vez foi uma bicicleta e antes foi um pula-pula. Chega de asneira. Você nunca me deu nada. Se você quer mesmo mentir, mente direito. Escolhe, se contenta com o carrinho de pedalar, assim quem sabe eu acabe acreditando.

LU:
Vamos, Lucien, deixa eu te contar a história do...

LUCIEN:
Sai daqui agora, por favor.

LU:
Eu te consolava quando você tinha 3 anos com teu pijama de índio.

LUCIEN:
Você pensa um pouco na minha mãe quando você fala essas coisas? Eu tenho até vontade de chorar de te ver assim. Minha mãe tinha classe, ela sabia me consolar, ela acreditava no bem. Ela te protegeu por muito tempo, enquanto você enfiava esse pinto nas adolescentes do ginásio de hóquei. Você contaminou sua própria esposa, sua adorada mulher. E mesmo quando ela ficou doente você continuou humilhando e roubando ela.

Se você quer mesmo um pouco de compaixão, se comporte direito. Deixa de lado essas mentiras ridículas. Para de choramingar. Você me faz morrer de vergonha, cara!

Lu sai.

8.

Makin está ocupado na oficina. Barulhos suaves, de algo encharcado.

Angélica entra, bate na porta. Makin abre uma fresta na porta.

Ele está com uma máscara de proteção.

ANGÉLICA:
O que você fez com o meu biquíni?

MAKIN:
[*tirando a máscara do rosto*] Biquíni?

ANGÉLICA:
Não é o meu biquíni que tá ali? O amarelo?

MAKIN:
Eu tô construindo uma coisa, Lica. Eu só preciso da parte de cima. Eu já te devolvo a calcinha.

ANGÉLICA:
O que você tá construindo?

Makin não responde.

ANGÉLICA:
Eu não posso saber?

MAKIN:
Muito complicado de explicar.

ANGÉLICA:
Você se sente sozinho?

MAKIN:
Por que essa pergunta?

ANGÉLICA:
Porque eu acho que sim.

MAKIN:
Eu nunca me sinto sozinho.

ANGÉLICA:
Por que você não tem uma namorada?

MAKIN:
Você vê alguma opção por aí?

ANGÉLICA:
Eu vejo muitas garotas.

MAKIN:
Eu, não.

ANGÉLICA:
Você já foi pro leste?

MAKIN:
O que você quer que eu faça no leste?

ANGÉLICA:
Tem muitas garotas por lá.

MAKIN:
As iranianas não fazem meu tipo.

ANGÉLICA:
Qual é seu tipo, então?

MAKIN:
A gente precisa falar sobre isso agora?

ANGÉLICA:
Por que não?

MAKIN:
Eu preciso voltar. Esse troço não vai avançar sozinho. A cola está secando.

Angélica indo embora.

MAKIN:
Você tem uma calcinha branca pra me dar?

ANGÉLICA:
Você precisa dela agora?

MAKIN:
Pode ser amanhã.

Angélica tira a calcinha.

MAKIN:
Ei, não era isso que eu quis dizer. Uma calcinha limpa. Eu não sou um pervertido.

ANGÉLICA:
É uma calcinha limpa.

Angélica entrega a calcinha para Makin.

9.

Cristine está deitada no sofá. Ela se levanta.

CRISTINE:
Hoje de manhã, bem cedo, eu só conseguia pensar numa coisa: por quê?
Isso tudo me deixa abatida. Eu tô com os nervos à flor da pele. Eu até dormi bem, mas eu nem bem acordei e tudo isso recomeça.

Angélica, Arno e Makin entram.

ANGÉLICA:
O que foi, mãe?

MAKIN:
Quer que eu vá pegar um Inderal pra você?

ARNO:
Calma aí, sem pressa.

ANGÉLICA:
[*para Arno*] Dá um ansiolítico para ela.

MAKIN:
Eu também acho, pai.

ARNO:
Calma todo mundo. Que horas é a sua entrevista?

CRISTINE:
Amanhã. Mas eu não vou. Eu moro num corpo estranho e meu coração tá acelerado.

MAKIN:
Tô com pena dela. Dá um ansiolítico pra ela.

ARNO:
Cristininha, bebe primeiro uma xícara de chá.

CRISTINE:
Eu não quero chá. Eu quero um Rivotril.

ARNO:
Já chega, você não está deprimida.

CRISTINE:
Não, eu tô nervosa.

ARNO:
Então você não deve tomar um Rivotril.

CRISTINE:
Eu não quero um Rivotril, eu preciso de um, como chama mesmo, um Ansitec.

ARNO:
Não, meu coração. Você não precisa disso. Isso dá alucinações. Tenta não tomar nada hoje.

CRISTINE:
Policial Arno, eu preciso tomar alguma coisa. Senão meu coração vai parar, e você vai se arrepender.

ANGÉLICA:
Pra que deixar a mamãe sofrer assim?

MAKIN:
Pai, eu te amo, mas agora você tá exagerando.

ANGÉLICA:
Mamãe tá doente e doentes precisam de remédio.

CRISTINE:
Então me dá uma Clonidina.

ARNO:
Clonidina? Você não está com enxaqueca, que eu saiba.

ANGÉLICA:
Se ela quer, dá pra ela essa Clonidina.

ARNO:
Angélica, fica quieta um pouco. Você não quer ver sua mãe delirando, pulando na cama, por causa dos efeitos colaterais do remédio. [*para Cristine*] Hoje não teremos remédios. Vamos levantar assim. Você precisa andar um pouco.

CRISTINE:
Por que, meu amor? Por que tudo ao mesmo tempo?

ANGÉLICA:
Por que fazer isso com ela?

MAKIN:
É por causa da entrevista de amanhã?

ARNO:
Exatamente por isso ela precisa estar com a cabeça no lugar e não entorpecida de remédios.

MAKIN:
Por que é que ela tem que pedir emprego pro Lucien Bouman?

ARNO:
Porque sua mãe quer trabalhar. Mamãe é uma mulher moderna, forte, que quer ganhar o dinheiro dela.

ANGÉLICA:
Tô com fome.

MAKIN:
Eu também.

ARNO:
Ah, de repente você também tem fome?

MAKIN:
De repente? Eu só não reclamava antes pra não te incomodar.

ANGÉLICA:
Nós dois estamos com fome.

MAKIN:
Pai, coloca uma faca no pescoço desse Schmidt. Cobra o que ele te deve. Assim a gente não precisa se dobrar pra esse Lucien Bouman.

ANGÉLICA:
A gente não vai se dobrar pro Lucien Bouman nem abrir as pernas pra ele. A gente só vai ver se consegue tirar alguma coisa dele.

MAKIN:
Lucien Bouman é nosso inimigo. E é assim porque o avô dele, cruel e covarde, já era nosso inimigo.

ANGÉLICA:
Espera. Antes era só um bando de ladrões, agora tem também um avô cruel e covarde. O que quer dizer tudo isso?

ARNO:
Muito obrigado, Makin.

ANGÉLICA:
Por que eu não posso saber o que aconteceu?

LUCIEN:
[*de sua casa*] Talvez não tenha acontecido nada. Tudo isso são apenas histórias.

MAKIN:
Histórias, histórias? Você acha mesmo que eu te odeio por causa de histórias?

LUCIEN:
É bem possível. Eu não acho que você seja assim tão esperto.

MAKIN:
Meu avô tá morto!

CRISTINE:
Já chega. Podemos parar por aqui?

ARNO:
Makin, abaixa a voz.

MAKIN:
A gente tá indo pra mau caminho, pai. Eu sou um cara direito e honesto. Eu respeito meus parentes...

ARNO:
Melhor assim, Alwin, agora se acalme.

MAKIN:
Você disse Alwin?

ARNO:
Sim, foi o que eu disse.

MAKIN:
Eu me chamo Makin.

ARNO:
Makin, sim, já chega, não precisa se exaltar.

MAKIN:
Eu ainda não disse tudo.

ARNO:
Cala a boca!

ANGÉLICA:
Posso dizer uma coisa?

ARNO:
Não. Eu sei que você deve ter muitas perguntas, mas agora não é a hora...

MAKIN:
Eu tô te implorando: não coloca nossa vida nas mãos de Lucien Bouman. Lucien Bouman é um macaco branco com uma alma carbonizada, enfia isso na sua cabeça.

ARNO:
Bom, tudo foi dito e ouvido. Vamos deixar a poeira baixar, vamos pensar com calma.

Makin desaparece dentro da oficina.

CRISTINE:
Eu posso ganhar um Metoprolol, por favor?

ARNO:
Eu não aconselho.

CRISTINE:
Você tá ficando insuportável, querido. Eu não tô me sentindo bem, eu preciso tomar alguma coisa.

ARNO:
Não vai ser assim que você vai evitar entrar nesse buraco.

CRISTINE:
Eu não me sinto nada bem fisicamente, um Metoprolol vai me ajudar.

ARNO:
Você está viciada, querida. Já tá na hora de começar a desintoxicar.

CRISTINE:
Mas por que logo hoje?

ARNO:
Porque amanhã você tem uma entrevista.

Makin entra.

MAKIN:
Quer dizer que tudo que eu disse não valeu de nada?

ARNO:
Pra mim, sim.

MAKIN:
Mãe, você vai ou não vai? Diz pra ele que você não quer ir.

CRISTINE:
Eu quero ir. E eu quero dois Propranolol 40mg. Agora mesmo.

E quando eu estiver sentada amanhã de manhã na frente do Lucien Bouman eu vou ter tudo sob controle.

Angélica dá os remédios para a mãe, com um copo d'água.

ARNO:
[*para Makin*] Eu só tenho uma pergunta: Você ainda está do lado do seu pai ou não?

MAKIN:
Sim.

ARNO:
Foi um sim meio sem convicção.

MAKIN:
Foi um sim, pai, mas não me peça pra festejar.

Makin volta para a oficina.

ARNO:
[*para Cristine*] Tá melhor?

CRISTINE:
Vai procurar o Schmidt.

ARNO:
Hoje, não. E amanhã também não. Eu vou depois de amanhã.

CRISTINE:
Vai encontrar o Schmidt, por favor.

ARNO:
Já chega desse Schmidt, querida.

LUCIEN:
[*da casa dele. Um prato na mão*] Eu posso oferecer um lanche pra minha vizinha?

ARNO:
Eu acho isso uma ofensa.

LUCIEN:
Não era minha intenção. É um gesto de compaixão.

ARNO:
Compaixão da parte de um Bouman é uma ofensa.

10.

Lu Bouman entra. Ele tem uma das mãos pressionando a barriga.

LU:
Não precisa me xingar. Um albanês me apunhalou.

LUCIEN:
[*levanta*] Onde?

LU:
Na barriga.

LUCIEN:
Deixa eu ver.

LU:
Melhor não. Wangshu já me fez um curativo.

LUCIEN:
Só um curativo?

LU:
E deu pontos, claro.

LUCIEN:
Qual albanês?

LU:
Qual é mesmo o nome dele? Nano?

LUCIEN:
Skender Nano?

LU:
Isso, ele mesmo.

LUCIEN:
Isso só por causa de uma treta?

LU:
Sim.

LUCIEN:
E de repente deu ruim?

LU:
Foi mais ou menos isso.

LUCIEN:
Caralho, você não tá careca de saber que tem que evitar esse cara?

LU:
Eu achei que ia dar certo.

LUCIEN:
Você passou a perna nele?

LU:
Sim.

LUCIEN:
Você é realmente um idiota. Ele tava sozinho?

Lu se cala.

LUCIEN:
Eu tô perguntando se ele estava sozinho?

LU:
Rashid Kadar tava lá também.

LUCIEN:
Que merda. Você sabe quem é esse Rashid Kadar?
Skender Nano e Rashid Kadar juntos. E agora você quer com certeza que eu te proteja, não é mesmo? Seu bosta!

LU:
Como eu podia saber que o Nano mete a faca assim nos outros, com essa facilidade?

LUCIEN:
E o Kadar tava lá?

LU:
Tava.

LUCIEN:
Você tá ligado que é um milagre você estar vivo, não tá?
Quantas facadas?

LU:
Uma só.

LUCIEN:
Deixa eu ver.

LU:
Por quê?

LUCIEN:
Porque você não tá com uma cara assim tão estropiada.

LU:
É porque o Wangshu me deu morfina.

LUCIEN:
Deixa eu ver essa ferida.

LU:
Pra você me infectar com essa mão suja?

Lucien desabotoa a camisa de Lu e com um gesto firme arranca a toalha suja.

LUCIEN:
Que estranho, uma toalha velha. Wangshu não tinha mais ataduras? O que te deu na cabeça de inventar uma história dessas? Tava precisando que eu ficasse com pena de você?

LU:
Precisando de teto, isso sim, uma noite de descanso perto do meu único filho. Dá pra você entender isso? Você quer que eu volte a morar com os congoleses debaixo da ponte?

LUCIEN:
Eu não quero discutir com você, eu só quero você fora daqui.

Lu hesita.

LUCIEN:
Você tá querendo apanhar, é isso? Não tenho nenhum problema com isso, você sabe.

Lu sai.

11.

Arno se aproxima de Lucien.

ARNO:
Será que eu posso falar com você?

Lucien consente com a cabeça.

ARNO:
Amanhã, minha mulher tem uma entrevista com você. Ela não vai vir sozinha, eu vou acompanhá-la. Eu não vou vir como marido, mas como observador. Eu quero saber se você aceita.

LUCIEN:
Tudo bem, eu concordo, mas então meu pai vai vir também. Isso me parece justo.

ARNO:
Se seu pai vem, isso vai complicar as coisas inutilmente.

LUCIEN:
Por quê? Duas partes, dois observadores.

ARNO:
Eu vou vir pra dar apoio pra minha mulher, mas você, você não precisa de apoio. Além do mais, seu pai é incapaz de observar. O olhar dele está embaçado pelo vapor da cola e pelo rancor.

LUCIEN:
E o seu olhar?

Silêncio.

ARNO:
Eu odeio seu pai e quero continuar assim.

LUCIEN:
Senhor Meyerbeer: dois observadores ou nenhum observador. Você escolhe.

CRISTINE:
[*grita*] Não complique as coisas, cara.

ARNO:
[*se virando*] A gente tá com um dilema aqui, Cristine.

CRISTINE:
Não tem dilema nenhum Arno, nenhum mesmo. Que merda tudo isso.

ARNO:
Dois observadores.

Arno vai embora. Lu Bouman aparece.

LUCIEN:
Senta aí.

LU:
Ah, agora eu posso entrar?

LUCIEN:
Eu não disse isso, eu disse senta aí.

Lu se senta.

LUCIEN:
Me escuta direito sem me interromper com seu chororô. Cristine vem aqui amanhã pra uma entrevista de emprego. Arno vai vir junto porque ele não confia na gente. Eu quero que você esteja aqui.

LU:
Eu posso te pedir uma coisa? Pra começar, eu não consigo entender essa entrevista. Você tem um emprego pra essa vaca?

LUCIEN:
Sim.

LU:
E o que ela vai fazer? Você não tá na sua "fase do sono"?

LUCIEN:
Eu tenho uma empresa de entrega. Já faz uns três anos. Com um pequeno escritório. Eu preciso de alguém pra cuidar do escritório.

LU:
Pra fazer o quê?

LUCIEN:
Atender o telefone, coisas administrativas. Supervisionar os entregadores.

LU:
Entregadores. Você tem entregadores?

LUCIEN:
Eu emprego três entregadores.

LU:
E por que essa Meyerbeer? Tá cheio de mulher desempregada no bairro.

LUCIEN:
Você pode estar aqui amanhã ou não?

LU:
Pra quê?

LUCIEN:
Eles vão estar em dois. Se você vem, a gente também estará em dois.

LU:
O que deu em você, Lucien? Pelo amor de Deus, por que é que eu deveria assistir a uma entrevista de emprego? Ainda mais

daquela Meyerbeer, uma neurótica. Você acha mesmo que ela pode administrar seu escritório? E mesmo que ela fosse capaz, o que eu tenho a ver com isso? Eu me recuso a me misturar nessa nojeira, com esses traidores, esses canalhas. Meu pai era inocente, teve muita mentira, enganação e trapaça.

LUCIEN:
Eu só estou pedindo pra você estar aqui de boca fechada.

LU:
E ficar olhando pra cara de Arno Meyerbeer o tempo todo?

LUCIEN:
E daí? Por uma vez que eu te peço um favor. Uma vez!

LU:
Muito difícil. Por que se misturar com esses Meyerbeers? Pra que dar um emprego pra essa Cristine?

LUCIEN:
Você não repara em nada mesmo?

Você tá sempre por aí, embaixo da ponte, na rua Nova, na fábrica abandonada, no túnel, no campo de hóquei. O que você vê por aí?

LU:
O que é que eu deveria ver?

LUCIEN:
Embaixo da ponte vivem os congoleses, a fábrica está cheia dos romenos. A rua Nova, infestada de marroquinos, de chineses e egípcios.

O túnel abriga 3 mil paquistaneses, o campo de hóquei virou um acampamento de albaneses. As dunas transbordam africanos. Deus sabe de onde eles saem. Todo o lado norte do canal é ocupado pelos chilenos, argentinos e colombianos. Os ciganos e os mongóis do lado sul. E a lista é ainda maior.

LU:
E daí? Isso é assim já faz tempo.

LUCIEN:
Por acaso, acontece por acaso, de você cruzar com algum branco, algum bom branco limpo?

LU:
Nunca.

LUCIEN:
Você tá entendendo aonde eu quero chegar?

LU:
Não.

LUCIEN:
Fora nós dois, eu só conheço mais quatro brancos.

LU:
Ah, é? Quem?

LUCIEN:
A família Meyerbeer.

LU:
Os Meyerbeers? Brancos puros? Eles?

LUCIEN:
Pergunta pro Makin o que é uma batata frita? Ele sabe o que é uma batata frita! Pergunta pro Arno como a gente faz uma almôndega perfeita, ele vai te dar a receita exata.

LU:
Aonde você quer chegar?

LUCIEN:
É ridículo estar em guerra com os únicos brancos que nós conhecemos.

LU:
Você quer se aproximar dos Meyerbeers porque eles são brancos?

LUCIEN:
Sim.

LU:
Branco, preto, amarelo. O que isso muda pra mim? Eu odeio os Meyerbeers com todas as minhas forças. E é uma vergonha que você não queira odiá-los também, esses filhos da puta. O que você tem contra odiar? Contra um bom ódio puro e franco?

LUCIEN:
Isso tudo é idiotice de um viciado em cola. Teu ódio é abstrato. Transmitido pela sua mãe. Uma mulher má e rancorosa.

LU:
Você tem sorte de eu ser velho e fraco, senão você já tinha levado uma.

LUCIEN:
Tchau, e dá meu bom dia pros congoleses lá embaixo da ponte.

LU:
Espera, Lucien. Eu posso me adaptar.

LUCIEN:
Você não é mais meu pai. Eu vou te jogar num lixão.

LU:
Eu venho amanhã. Eu venho amanhã.

LUCIEN:
Do jeito que eu quero: silencioso e amável.

LU:
Prometo.

Lu coloca o frasco de cola na boca e respira fundo várias vezes. Ele olha para o vazio, vidrado.

12.

Angélica ajuda Cristine a colocar o casaco.

CRISTINE:
Só mais um Rivotril, por favor.

ARNO:
Para com isso, coração. Você não tá deprimida.

CRISTINE:
Tô um pouco, sim.

Angélica dá um remédio para a mãe.

CRISTINE:
Preciso me sentar um pouco.

Ela se senta.

ARNO:
[*para Makin*] Eu tô vendo a sua cara, Makin.

MAKIN:
É proibido pensar agora?

ARNO:
Enquanto você estiver de boca fechada, tudo bem.

CRISTINE:
A mamãe quer trabalhar. Você quer que eu consiga, não?

MAKIN:
Trabalhar pro inimigo?

CRISTINE:
[*para Arno*] É melhor o Makin ficar quieto, você não acha?

ARNO:
[*para Makin*] A gente vai fazer uma experiência, não tem nada decidido ainda.

ANGÉLICA:
[*para Makin*] Você é realmente chato. Em vez de apoiar nossa mãe...

MAKIN:
De repente você agora também tem opinião?

CRISTINE:
[*para Arno*] Meu cabelo tá bom?

ARNO:
Muito bom. Vamos?

CRISTINE:
Eu ainda não tô pronta, querido.

Do outro lado, Lucien e Lu estão prontos, esperando Arno e Cristine. Arno, Angélica e Makin olham em silêncio para Cristine. Ela tenta controlar a respiração.

CRISTINE:
Na verdade, eu não sei se sou capaz.

Angélica fica atrás da mãe e coloca as mãos na cabeça dela.

ANGÉLICA:
Calma.

CRISTINE:
Não faça isso.

Angélica tira as mãos. Cristine se levanta.

CRISTINE:
Tá bem, vamos.

Eles estão saindo. Arno carrega um grande envelope marrom. No meio do caminho, Cristine ralenta o passo e olha para Arno.

CRISTINE:
Você usa óculos agora?

ARNO:
Óculos, eu? Não.

Eles seguem em frente, chegam à casa de Lucien e Lu. Arno entrega o envelope para a esposa.

LU:
Bom dia.

CRISTINE:
Bom dia.

LUCIEN:
Bom dia.

ARNO:
Bom dia.

LUCIEN:
Sente-se, por favor.

Cristine se senta. Arno fica em pé.

LUCIEN:
Como vai?

Cristine olha para Arno.

ARNO:
Tudo bem, né? É o que a gente tem que dizer nessa hora.

CRISTINE:
Sim, bem.

LUCIEN:
Você já sabe do que se trata?

CRISTINE:
Sim, sim.

ARNO:
Diga novamente em voz alta. Isso nos evitará mal-entendidos.

LUCIEN:
Você vai ficar atrás de uma mesa. Você vai atender o telefone e, entre uma coisa e outra, fazer tarefas administrativas.

LU:
Você tá esquecendo de uma coisa.

LUCIEN:
Não tô esquecendo de nada.

LU:
Sim. Ela precisa supervisionar os entregadores.

LUCIEN:
Eu que vou cuidar disso.

LU:
Mas você disse...

LUCIEN:
Isso foi antes, pai. Os entregadores são de Angola. Eu não vou submeter a senhora Meyerbeer a isso.
A senhora pode me mostrar seus diplomas?

Cristine passa o envelope para Lucien por cima da mesa. Ele olha os diplomas.

LUCIEN:
Você sabe usar o computador?

CRISTINE:
Eu queria um copo d'água, é possível?

LUCIEN:
[*para Lu*] Um copo d'água.

LU:
Ah, agora eu sou garçom também?

LUCIEN:
Sim.

Lu pega um copo d'água para Cristine. Arno cochicha alguma coisa no ouvido dela.

CRISTINE:
Eu sei o que eu tenho que dizer, Arno. [*para Lucien*] Eu sei muito bem me virar com um computador.

LUCIEN:
É que isso não consta nos seus diplomas.

CRISTINE:
Eu também preciso dar comida pros peixes, limpar o aquário?

LUCIEN:
Como?

CRISTINE:
Os peixes precisam comer.

ARNO:
Querida, não tem peixe nenhum.

CRISTINE:
Não tem peixes no aquário?

LUCIEN:
Ninguém falou de aquário nenhum.

CRISTINE:
Não tem peixes no escritório?

LUCIEN:
Senhora Meyerbeer, no escritório tem um vaso com uma planta. A senhora pode regar.

Silêncio.

LUCIEN:
Senhora Meyerbeer?

CRISTINE:
Eu tô meio zonza, eu acho.

ARNO:
Isso não está dando certo, Lucien.

LUCIEN:
Eu perdi alguma coisa?

ARNO:
Seu pai tá com uma cara abusada.

LUCIEN:
[*para Lu*] É verdade isso?

LU:
Eu tô me esforçando. Eu tô aqui o mais quieto que eu posso. De verdade.

ARNO:
Ei, para de mentir, você tá tirando onda com a minha cara.

LU:
Eu não tô tirando onda com a sua cara.

ARNO:
Você tá me provocando com o olhar.

LU:
Eu tô observando, só isso.

ARNO:
Você tá me provocando.

LUCIEN:
Você está um pouco nervosa, não é mesmo?

CRISTINE:
É compreensível, não?

ARNO:
Fica calma.

CRISTINE:
Fácil falar. Como que eu posso passar numa entrevista de emprego com esse clima? Me desculpe, Lucien, mas tá muito tenso aqui. [*para Arno*] Eu também tenho antenas.

LUCIEN:
Senhora Meyerbeer eu posso lhe oferecer alguma coisa?

CRISTINE:
Sim, eu queria um café, com açúcar, por favor.

LUCIEN:
Um café. Com açúcar.

LU:
Eu continuo sendo o garçom, se é que eu tô entendendo direito.

LUCIEN:
Isso mesmo.

Lu serve um café para Cristine, coloca açúcar.

LUCIEN:
Eu espero que agora você consiga se acalmar. Se não, como é que eu posso chegar a uma conclusão sobre você?

CRISTINE:
Eu estou aqui Lucien. Estou aqui. Eu sei o que eu quero dizer, quando eu digo alguma coisa. Eu não sou uma boneca. Meu estômago pode ficar paralisado, meu coração pode acelerar, mas meu cérebro funciona direitinho.

LU:
Nem tanto.

LUCIEN:
Você, fica esperto.

LU:
Tô fazendo o possível.

LUCIEN:
Claro que não. Olha como você tá cerrando os dentes. [*para Cristine*] Por favor, me desculpe.

LU:
E qual o problema de eu gostar de cerrar os dentes?

LUCIEN:
Cala a boca, Lu.

LU:
Meu papel era observar, não é?

LUCIEN:
Observar, sim. No sentido mais estrito do termo: você observa e fica calado.

LU:
Eu tô vendo coisas muito estranhas aqui.

LUCIEN:
A gente não quer saber.

LU:
Eu observo que você quer empregar uma neurótica com diplomas falsos. Me desculpa, Lucien, mas é o que eu estou vendo, só isso.

ARNO:
Eu sabia. Você é um provocador, Lu Bouman!

LU:
Foda-se a família Meyerbeer. Eu rio na sua cara. Haha.

ARNO:
Eu vou enfiar uma pistola no seu cu e vou descarregar.

Lucien agarra o pai e o coloca sobre os ombros, carregando ele para fora.

LU:
[*para Arno*] E se você quer mesmo parecer um branco de raça pura, me diz então como é que se faz uma almôndega perfeita?

CRISTINE:
Isso lá é clima para uma entrevista? Como é que eu posso ficar calma?

Do lado esquerdo:

MAKIN:
Eu não consigo ouvir o que eles estão falando, mas deu merda por lá.

ANGÉLICA:
Não dá pra saber.

MAKIN:
Não dá pra saber? Eu tô vendo que eles estão sendo humilhados.

ANGÉLICA:
Para de ficar irritado. Se acalma e espera tranquilamente.

MAKIN:
Cala a boca, por favor.

ANGÉLICA:
Por acaso agora você manda em mim?

Do lado direito:

ARNO:
Cristininha, vamos bater em retirada.

CRISTINE:
Você quer que a gente vá embora?

ARNO:
Deu ruim, coração. De verdade.

CRISTINE:
Não.

ARNO:
Isso aqui já tá cheirando mal, isso tudo é uma armadilha.

CRISTINE:
Eu não acho.

ARNO:
Tá uma zona.

CRISTINE:
Isso tá me deixando nervosa.

ARNO:
O quê? Me diz exatamente o que tá te deixando nervosa.

CRISTINE:
O seu desespero. Eu não posso me poupar do seu desespero.

Lucien entra.

LUCIEN:
Eu apresento minhas mais sinceras desculpas pelo comportamento do meu pai.

ARNO:
Muito simpático da sua parte, mas eu quero que o seu pai peça desculpas ele mesmo.

LUCIEN:
Infelizmente isso não será possível.

ARNO:
Por que não?

LUCIEN:
Meu pai tá momentaneamente inconsciente.

ARNO:
Ele é tão covarde: quando ele não pode mais enfrentar, ele cheira cola até perder a consciência.

LUCIEN:
Não foi nada disso. Eu dei um jeito do meu pai ficar calado. E eu espero, Senhor Meyerbeer, que o senhor compreenda quando eu digo que estou levando isso muito a sério e que não tenho más intenções.

ARNO:
Eu quero acabar logo com essa conversa, Lucien. A gente tá muito desconfortável aqui. E se você quer empregar minha mulher só por pena, é só dizer. Antes a morte do que isso.

CRISTINE:
Arno, você quer, por favor, ficar quieto.

ARNO:
Ficar quieto, eu?

CRISTINE:
É uma entrevista de emprego.

ARNO:
Sim, e eu estou te dando apoio.

CRISTINE:
Querido, olha pra mim, sou eu a candidata e eu prefiro que você fique de boca fechada.

LUCIEN:
Senhora Meyerbeer, isso aqui não tem nada a ver com pena.

Aliás, nós ainda não falamos do seu salário. Eu não gosto de falar de números em voz alta.

Lucien anota um montante numa folha de papel, e entrega para Cristine.

LUCIEN:
[*para Arno*] Você também quer um café?

ARNO:
Com açúcar?

LUCIEN:
Se você quiser.

ARNO:
Não, obrigado.

LUCIEN:
Senhora Meyerbeer, temos aqui uma proposta. Estamos negociando. Tem alguém atrás de vocês.

Cristine olha para trás.

CRISTINE:
Meu amor, o que você está fazendo aqui?

MAKIN:
Não sei. Só queria saber o que está acontecendo. Tô com um mau pressentimento. Era só isso que eu queria dizer.

CRISTINE:
Está tudo bem.

MAKIN:
Ah, é? Então por que papai tá com essa cara?

CRISTINE:
Primeiro diz bom dia pro Lucien.

MAKIN:
Você não pode me pedir isso.

CRISTINE:
"Bom dia, Lucien", é muito difícil isso?

MAKIN:
Para, mãe.

CRISTINE:
Faça isso por mim.

LUCIEN:
Bom dia, Makin.

CRISTINE:
"Bom dia, Lucien."

MAKIN:
Eu me recuso.

CRISTINE:
Eu estou me sentindo muito bem hoje, Makin. Eu estou muito calma. Você tá querendo estragar meu dia?

MAKIN:
Não é isso.

CRISTINE:
Três palavras.

ARNO:
Esse menino não é obrigado a dizer uma coisa que ele não quer.

CRISTINE:
[*para Arno*] Você está muito tenso. Você não consegue mais ver nem entender nada. Desabotoa seu colarinho, respira.

MAKIN:
Pai, o que tá acontecendo?

ARNO:
O que tá acontecendo? Nada.

MAKIN:
Você tá sendo humilhado e eu não quero ver isso.

ARNO:
Eu tô enfiado na lama até o pescoço e tô tentando raciocinar. É só isso que você tá vendo.

MAKIN:
Bosta nenhuma.

E ele fala de novo: bosta nenhuma!

CRISTINE:
Você, já pra casa!

MAKIN:
[*volta para casa*] As coisas não vão nada bem lá.

ANGÉLICA:
O quê?

MAKIN:
As coisas não vão nada bem lá. É só o que eu tenho a dizer.

ANGÉLICA:
Lucien está se comportando muito bem, eu acho.

MAKIN:
Lica, por favor, tira esse cara da cabeça, esquece esse Lucien Bouman.

ANGÉLICA:
Da onde vem todo esse ódio? Você nem sabe, você nem tava aqui. Você nem tinha nascido.

MAKIN:
Eu tô falando sobre hoje. Eu vejo ele negociando na rua Nova. Ele é malandro, tem autoridade. Todo mundo baixa a cabeça pra ele. Todo mundo é fiel a ele, e são recompensados; mas se você denunciar ele, você tá acabado.

ANGÉLICA:
E que mal tem nisso?

MAKIN:
Me ouve, garota.

Eu ainda não consegui entender, mas ele tá tramando alguma coisa.

Alguma coisa pra nos separar...

ANGÉLICA:
Você tá se esforçando pra me convencer, mas eu não vejo as coisas assim.

MAKIN:
Como uma serpente dentro da água, quando você está deitado despreocupado na grama, ela crava os dentes na sua canela.

ANGÉLICA:
Eu não vejo serpente nenhuma, eu vejo um cara com olhar gentil.

MAKIN:
Ontem mesmo eu disse que você tinha crescido, que você tinha acordado. Eu retiro o que disse: você ainda tá dormindo, você está profundamente adormecida. E isso, Lica, isso me deixa preocupado.

Makin se afasta e entra na oficina. Do lado direito.

LUCIEN:
A senhora já pode ir, Senhora Meyerbeer.

CRISTINE:
Mesmo?

LUCIEN:
A entrevista acabou.

CRISTINE:
E Arno?

LUCIEN:
Arno vai ficar mais um pouco.

CRISTINE:
É verdade, Arno, você vai ficar?

ARNO:
Vai indo na frente.

CRISTINE:
Vocês ainda têm coisas para conversar?

ARNO:
Não, você se saiu muito bem, querida. Mas vai indo, eu já vou.

Cristine vai em direção de casa.

ARNO:
Minha mulher não deu uma boa impressão. Apesar dos remédios, ela não consegue controlar os nervos. Por que confiar seu escritório a alguém como ela?

LUCIEN:
Sua mulher me toca.

ARNO:
Toca, o que isso quer dizer?

LUCIEN:
Eu tenho simpatia por ela.

ARNO:
Você não diria isso para um egípcio.

LUCIEN:
Felizmente você não é egípcio.

ARNO:
Você tem sorte, senão eu teria cuspido na sua cara.

Ele sai.

LUCIEN:
Senhor Meyerbeer, eu gostaria de lhe dar uma coisa.

Lucien pega uma sacola no armário e mostra o conteúdo para Arno.

LUCIEN:
Um pão, para a família toda. Uma garrafa de vinho turco suave para Cristine. Um creme para Angélica e [*pegando um botijão de gás*] um botijão de gás cheio, para você.

Lucien entrega para ele a sacola e o botijão.

ARNO:
É um escândalo você me oferecer isso.

LUCIEN:
É ainda mais escandaloso recusar. Você tem uma família para alimentar.

Arno anda em direção de casa com a sacola e o botijão.

LUCIEN:
Eu mando notícias.

Cristine está sentada no sofá. Angélica numa cadeira. Elas observam. Arno descarrega o botijão de gás.

ARNO:
Um botijão de gás cheio para Arno.

Arno tira os presentes da sacola.

ARNO:
Uma garrafa de vinho turco suave para Cristine.

CRISTINE:
Ele disse isso?

ARNO:
Palavras do Lucien. Sem censura, ele disse isso literalmente.

CRISTINE:
Eu estou vendo um sinal positivo.

ARNO:
A garrafa de vinho é um presente. Isso não tem nada a ver com sua proposta de emprego.

CRISTINE:
Você acha?

ARNO:
Isso é o que me parece ser. [*ele entrega o creme para Angélica*] E um hidratante para Angélica.

ANGÉLICA:
Uau, esse é o melhor creme que existe, custa uma fortuna. Pai, é muito simpático da parte do Lucien.

ARNO:
Sim, Lucien é muito simpático.

E ainda: um pão para a família toda.

ANGÉLICA:
E você, pai, gostou do seu botijão de gás?

ARNO:
Eu adorei meu botijão de gás.

CRISTINE:
E agora?

ARNO:
Agora? Esperar. Só nos resta isso: ter que esperar!

Do lado direito, Lucien coloca o pai, inconsciente, na cama. Ele coloca uma cadeira ao lado da cama, pega sua espingarda e se senta.

MAKIN:
[*saindo da oficina*] Eu vi tudo. O creme para Lica, um vinho pra mãe, o botijão de gás pro pai.

Eu pensei bastante, e estou muito preocupado, sobretudo com você, pai.

Eu te amo, mas você se tornou um bosta, um cara que se contenta com um botijão de gás.

Eu tô avisando: vou ficar aqui sentado. Observando. E por amor, por vocês, eu vou ficar quieto o máximo que eu conseguir. Eu vou observar o que vocês fazem e vou tentar não dar minha opinião, mas Makin continua sendo Makin. Se as coisas tomarem um caminho horrível, algo que faça ele perder a cabeça, ele não vai ser responsável por seus atos.

Eu sou seu amigo, pai. Você não precisa se preocupar. Na pior das hipóteses, Makin fará mal a ele mesmo.

ANGÉLICA:
Eu quero que você retire o que disse. Como você pode dizer isso? Engole essas palavras.

MAKIN:
Eu não queria dizer as coisas assim, literalmente.

ANGÉLICA:
Como, então?

MAKIN:
Será que eu tenho que explicar tudo?

ANGÉLICA:
Tudo, não, mas isso, sim.

MAKIN:
Não é da minha natureza me machucar.

CRISTINE:
O que você tá querendo dizer, então? Que você pode fazer mal aos outros?

MAKIN:
Eu tô preocupado, mãe. Fantasmas horríveis estão se aproximando. E eu tô reparando que o pai não tá mais se mantendo firme.

ARNO:
Isso tudo é uma estratégia. Lucien deve achar que eu sou um adversário fraco. Você acha mesmo que eu estou vacilando? [*ele aponta para a própria cabeça*] Aqui dentro tá tudo funcionando direitinho. Aqui dentro tá tudo trepidando. Eu só estou pensando na próxima jogada.

ANGÉLICA:
Não responde, Makin. Não responde.

Arno sai, seguido de Cristine.

MAKIN:
Ei, mãe! [*para Angélica*] O que eu disse foi tão grave assim?

Angélica sai. Makin pega uma furadeira com uma broca muito longa e começa a furar seu objeto, que está dentro da oficina, ainda fora da porta. A broca acaba por puxar ele para dentro.

13.

Lucien, com a espingarda sobre os joelhos, olha o pai que dorme na cama. Ele se levanta e se debruça sobre ele.

LUCIEN:
Acorda!!!

Lu não reage. Lucien carrega a espingarda e aponta-a para o meio das pernas do pai.

LUCIEN:
Vou contar até dois. Um, dois.

Lu abre os olhos.

LU:
Lucien?

Você vai explodir meu pinto?

Lucien não responde.

LU:
Que dor de cabeça!

LUCIEN:
O quê?

LU:
Minha cabeça parece um tambor. Você não tem uma aspirina, por acaso?

LUCIEN:
Você é ainda mais cretino do que eu imaginava. Você não consegue nem cumprir um acordo com o próprio filho.

LU:
A gente tinha um acordo?

LUCIEN:
Eu acho que a hora chegou, pai.

LU:
Que hora?

LUCIEN:
Eu não vejo outra saída.

LU:
Lucien, você não vai fazer nenhuma maluquice, né?!

LUCIEN:
Você já viveu demais, já nos envenenou o bastante.

LU:
Do que você tá falando? O que foi que eu fiz?

LUCIEN:
Não vou mais responder a nada. Vamos colocar um ponto-final nisso tudo.

Coloca o cano da espingarda na testa de Lu.

LU:
Meu Lucienzinho, eu sinto muito.

LUCIEN:
Você sente muito pelo quê, exatamente?

LU:
Tudo. Mas eu não me lembro desse nosso acordo. Não me lembro, mesmo.

LUCIEN:
Nem se dê ao trabalho. Não vale a pena.

LU:
Lucien, por favor!

LUCIEN:
"Lucien, por favor!", o que que isso quer dizer? Você tá me pedindo pra ter pena? Tá com medo de morrer? Velho escroto.

LU:
Sim, meu Lucienzinho, por piedade.

LUCIEN:
Escuta bem. Eu não vou repetir. Você atrapalha a minha vida. Você é um estorvo. Você tá impedindo a sobrevivência da nossa espécie. Nós somos seis. Quatro homens e duas mulheres. Uma delas é fecundável. Tá entendendo agora?

LU:
Sim.

LUCIEN:
Não fala nada, idiota. Só pensa. Pra ter certeza que você entendeu direito.

LU:
Eu tô entendendo.

LUCIEN:
Para de bobagem. Pensa um pouco. Uma vez na vida!

LU:
Você acha que eu sou besta? Não é assim tão complicado. É claro que eu tô entendendo.

LUCIEN:
Diz uma palavra pra eu ter certeza que você entendeu bem.

LU:
Angélica.

LUCIEN:
Bravo, Lu! Mas ninguém deve saber.

LU:
Eu vou ficar de boca fechada.

LUCIEN:
Eu não acredito.

LU:
Eu juro. Eu vou ficar calado, eu prometo.

LUCIEN:
Você tem mais alguma coisa a dizer?

LU:
Eu fui apenas jogado nesse mundo. Nessa periferia. Na rua. Eu tive que me virar. Eu sou um pouco limitado, mas eu sou humilde, eu sei me render. Eu só consegui sobreviver por causa disso. Fui pegando o jeito. Me sentia bem. E aí sua mãe apareceu. De repente eu tinha uma mulher e um filho. Eu devia ficar em casa, eu sabia que devia ficar em casa, mas eu não conseguia.

Enquanto isso, Lucien engatilha a espingarda e aponta-a para Lu.

LUCIEN:
Eu não quero desculpas, eu quero suas últimas palavras.

LU:
Eu quero continuar vivo, Lucien, eu quero continuar vivo.

LUCIEN:
São essas as suas últimas palavras?

LU:
Eu não tenho últimas palavras.

LUCIEN:
Muito bem, então, até a próxima.

LU:
Tenha piedade, Lucien, eu te imploro.

LUCIEN:
Dê lembranças minhas lá em cima.

Lu chora. Lucien abaixa a arma.

LUCIEN:
Ficou com medo? Cagou nas calças?

LU:
Sim, merda. O pai é que deve sacrificar o filho, não o contrário.

Lucien percebe que Arno está vindo em sua direção.

LUCIEN:
Arno tá vindo aí. Vai dormir. Fecha os olhos e a boca.

ARNO:
Eu vim perguntar se você já sabe, se já tomou uma decisão.

LUCIEN:
Eu ainda não decidi.

ARNO:
Cristine tá perguntando se vai demorar muito.

LUCIEN:
Não vai demorar, Senhor Meyerbeer. Eu preciso sair. [*pega sua bolsa*] Tô com pressa.

Ele sai. Arno fica lá, dá uma olhada em Lu. Lu abre os olhos. Eles trocam olhares.

LU:
Não se preocupe, Arno. É Lucien quem tem as rédeas. Eu sou o cachorrinho dele e só faço: auf, auf.

Arno volta para casa e se senta.

CRISTINE:
O que ele disse?

ARNO:
Ele ainda não decidiu.

CRISTINE:
Então a gente precisa esperar?

ARNO:
Sim, esperar.

CRISTINE:
E o que a gente faz enquanto isso?

ARNO:
O que você quiser.

CRISTINE:
Eu quero uma cerveja preta, por favor.

Cristine sai.

ARNO:
Eu cuido disso, coração.

Makin aciona sua furadeira.

ARNO:
[*no silêncio*] Makin, agora você precisa...

A furadeira volta. Silêncio.

ARNO:
Makin, agora você precisa parar, já...

Furadeira. Silêncio.

ARNO:
Makin, chega, tá muito tarde pra fazer barulho.

Makin coloca a cabeça para fora da porta.

MAKIN:
O quê?

ARNO:
Chega, tá muito tarde pra fazer barulho.

MAKIN:
Eu não posso parar agora, pai, isso seria jogar um dia inteiro de trabalho no lixo.

ARNO:
Você vai ter que parar.

MAKIN:
É por causa da mamãe, é isso?

ARNO:
Não, é por mim.

MAKIN:
Vocês nunca se incomodaram com isso antes. Agora, de repente, tão incomodados.

ARNO:
Sim, uma nova era tá começando. Você pode arrumar uma namorada e sair de casa, que tal?

MAKIN:
Uma namorada? Não tem ninguém pra mim. Mesmo se eu fosse pras montanhas da Rússia eu não ia encontrar ninguém.

ARNO:
Você não tem nada contra as escuras, que eu saiba?

MAKIN:
Não.

ARNO:
Então, acha uma.

MAKIN:
Eu não tenho atração pelas morenas.

ARNO:
Tem as iranianas, então. Elas estão bem ali no contorno leste. Elas são bem brancas.

MAKIN:
Brancas, mas morenas.

ARNO:
Mas são bonitas.

MAKIN:
Mas com cabelos e sobrancelhas escuros.

ARNO:
Mas são bonitas. Mãos finas, lábios cheios.

MAKIN:
Elas são religiosas.

ARNO:
Elas lavam teus pés quando você chega do trabalho.

MAKIN:
Pai, eu não quero uma iraniana. Eu quero uma branca, com a pele rosada e cabelos loiros.

ARNO:
Não existe.

MAKIN:
Não se preocupe comigo.

ARNO:
O que você tá construindo aí dentro?

MAKIN:
Uma coisa bonita, uma coisa pra me deixar feliz.

ARNO:
Posso ver?

MAKIN:
Melhor não.

ARNO:
Eu sou seu amigo, não sou?

MAKIN:
Não é assim tão simples, pai.

ARNO:
Me deixa ver, Makin.

MAKIN:
Mas não pode dar palpite.

Makin abre a porta e deixa o pai entrar.

De dentro da oficina se ouve o rangido de um mecanismo.

Um pouco depois, Arno sai.

ARNO:
Meu Deus, Makin, que negócio doido.

MAKIN:
Sem comentários.

ARNO:
Não, não, eu não tô julgando.
Eu vou me deitar.

Makin fecha a porta. Arno sai.

14.

Arno está no sofá. Angélica sobre sua toalha de praia.

Cristine enfia rapidamente papéis dentro da sua bolsa.

CRISTINE:
Angélica, que horas são?

ANGÉLICA:
Não sei, mãe.

CRISTINE:
Angélica, eu te dei um relógio ontem. Você já perdeu?

ANGÉLICA:
Eu joguei fora.

CRISTINE:
Jogou?

ANGÉLICA:
Eu não quero um relógio.

CRISTINE:
Foi um presente.

ANGÉLICA:
O que eu devo fazer com um relógio? Coloca você um.

CRISTINE:
Eu não suporto relógios, me irrita a pele. Makin!

Nenhuma resposta. Cristine vai até a oficina e bate na porta.

CRISTINE:
Makin!

Makin coloca a cabeça para fora.

CRISTINE:
Que horas são?

MAKIN:
Por que você quer saber?

CRISTINE:
Porque eu quero chegar na hora.

MAKIN:
Isso é assim tão importante? Ele é tão exigente assim?

CRISTINE:
Ainda se fazendo de rebelde? Anda, Makin.

MAKIN:
Minha mãe está aqui diante dos meus olhos. Se apressando por causa dos belos olhos de Lucien Bouman.

CRISTINE:
Isso é totalmente normal, não? Querer chegar na hora no trabalho.

MAKIN:
Você vai se atrasar.

CRISTINE:
Você realmente precisa falar assim? Você não tá vendo que eu estou feliz no meu trabalho? Que eu estou bem melhor?

MAKIN:
Sim, eu tô vendo.

CRISTINE:
Eu tô dirigindo uma pequena empresa. Eu que tô te dando de comer. [*ela se vira para Arno*] Arno?

ARNO:
Você acha que eu tô dormindo? Que eu sumi? Que não tô nem aí?

CRISTINE:
Por que vocês estão reagindo assim? Eu estou me sentindo bem. Vocês estão com inveja?

ARNO:
O que foi? O que você quer saber?

CRISTINE:
Eu quero saber que horas são.

ARNO:
Compra um relógio.

CRISTINE:
Arno, será que você pode olhar no seu relógio, por favor?

ARNO:
Eu fiz ele parar. Eu não suporto mais olhar o tempo passando, Cristininha.

CRISTINE:
É tudo assim tão insuportável?

ARNO:
Vai trabalhar, coração. Eu tô feliz por você.

Makin coloca a cabeça para fora.

MAKIN:
Você devia ter coragem pra chegar atrasada!

CRISTINE:
Você bem que gostou do açúcar, das geleias, da manteiga?!

MAKIN:
Não. Eu comi, mas me arrependo de cada colherada.
Eu estou me retirando, mãe.

Makin desaparece em sua oficina.

CRISTINE:
[*para Arno*] E você, também vai se retirar? Ou ainda vai fazer mais alguma coisa hoje?

ARNO:
Eu tenho uma reunião com o Schmidt.

CRISTINE:
E como é que você vai chegar na hora sem relógio?

ARNO:
Problema algum.

CRISTINE:
Quando vai ser?

ARNO:
À tarde.

Cristine sai. Lucien está esperando por ela. Eles vão embora juntos.
Makin sai da oficina.

MAKIN:
[*para seu pai*] Eu preciso de cola e de uma bexiga de porco. Eu já volto.

Vai sair.

ARNO:
[*se levantando*] Eu também já vou indo.

MAKIN:
Mas ainda é de manhã, pai. Sua reunião é só à tarde.

ARNO:
Eu sei. Mas vou andando devagar.

Makin sai. Arno começa a andar bem devagar.

15.

Angélica continua deitada na toalha de praia. Lucien se aproxima dela.

LUCIEN:
Você tá se queimando.

ANGÉLICA:
O Makin diz que você é uma serpente.

LUCIEN:
E você, também acha que eu sou uma serpente?

ANGÉLICA:
Não sei.

LUCIEN:
Será que eu posso passar protetor em você?

ANGÉLICA:
Tá bem.

Lucien passa protetor nela, da cabeça aos pés.

ANGÉLICA:
Obrigada.

LUCIEN:
De nada.

ANGÉLICA:
Amanhã você vem passar protetor de novo?

LUCIEN:
Não sei. Hoje é o último dia de verão. Amanhã já vai estar encoberto.

Lucien volta para a casa. Angélica observa, enrola a toalha, põe o seu vestido, segue-o até a casa dele e se senta numa poltrona.

ANGÉLICA:
Tô com sede.

Lucien serve algo para ela.

ANGÉLICA:
É a primeira vez que eu venho aqui.

LUCIEN:
Isso é o que você pensa. Você veio aqui uma vez quando era pequena.
Você tinha fugido de casa.
Seus pais não estavam em casa. Makin que estava cuidando de você. Ele sabia que você estava aqui, meu pai levantou você na janela, e ele não reagiu.
Minha mãe te deu banho, te deu comida.
Você não se lembra de nada?

ANGÉLICA:
Não.

LUCIEN:
Você até dormiu aqui nessa cama.

ANGÉLICA:
E quem é que veio me buscar?

LUCIEN:
Sua mãe, claro.

Silêncio.

ANGÉLICA:
[*se levantando*] Vou indo.

LUCIEN:
Você pode ficar mais, se quiser.

ANGÉLICA:
Não, eu já vou.

LUCIEN:
Senta. Eu tô contente que você esteja aqui. A gente nunca se falou em doze anos.

Angélica se senta. Silêncio.

LUCIEN:
Você é bonita, Angélica.

Ele a levanta e a pega no colo.

ANGÉLICA:
O que você está fazendo?

LUCIEN:
Vou te levar pra cama.

ANGÉLICA:
E o que é que eu devo fazer na sua cama?

Lucien a coloca na cama.

ANGÉLICA:
Eu não gostei nem um pouco de você me pegar assim.

LUCIEN:
Eu só quero refrescar sua memória.

Talvez você resgate as lembranças de quando esteve deitada aqui.

ANGÉLICA:
Memórias? Do que você tá falando.

LUCIEN:
Uma lembrança de muito tempo atrás. Quando você era pequena e se deitou nessa cama.

ANGÉLICA:
Eu não tô me lembrando de nada.

LUCIEN:
Você devia se deitar um pouco.

Ele a empurra para trás.

ANGÉLICA:
Nada.

Ela se senta.

LUCIEN:
Espera um pouco.

Ele a empurra novamente.

LUCIEN:
Se concentra. No cheiro, na luz, nos sons.

ANGÉLICA:
[*se levantando*] Isso foi há muito tempo, Lucien.

LUCIEN:
Fica um pouco quieta!
Desculpa, eu me irritei.

ANGÉLICA:
Sim, você está irritado. Você não foi nada gentil.

LUCIEN:
Eu sou desajeitado.

ANGÉLICA:
Eu quero ir pra casa.

LUCIEN:
Me desculpa. Minha mãe morreu jovem, meu pai a abandonou. Boa receita para um desastre, eu sei. Mas eu tenho bom

coração, Angélica. E isso, nem mesmo uma juventude podre consegue mudar.

ANGÉLICA:
Eu quero ir pra casa, Lucien.

LUCIEN:
E aí, ficou decepcionada com a misteriosa casa dos vizinhos?

ANGÉLICA:
Por que você tá bravo?

LUCIEN:
Eu não tô bravo. Eu tô impaciente. Eu quero pular a etapa do jogo da sedução, é um saco ficar dando volta.

ANGÉLICA:
[*se levanta*] Você deixou isso bem claro, Lucien, eu já vou embora. A gente vai se cruzar de novo, com certeza.

Angélica quer ir embora, mas Lucien joga-a de volta na cama.

LUCIEN:
Você entrou aqui porque quis. Agora você vai me ouvir.

ANGÉLICA:
Eu não sou obrigada a nada.

Ela se levanta. Lucien a empurra novamente sobre a cama.

LUCIEN:
Eu tenho coisas para te oferecer.

ANGÉLICA:
Mas eu não.

LUCIEN:
Eu vou construir um jardim pra você. Com um lago onde vai se esconder um peixe-sol. Um jardim com um balanço e uma mesa de mármore onde a gente vai jantar.

ANGÉLICA:
Eu não quero jantar com você!

LUCIEN:
Eu vou plantar um carvalho quando nosso primeiro filho nascer.

ANGÉLICA:
Me deixa.

LUCIEN:
Tá bom, vamos nos acalmar.

ANGÉLICA:
Eu tô calma.

LUCIEN:
Eu também. Eu vou abrir minha braguilha e a gente vai fazer amor. Assim a gente vai aprender a se conhecer.

Angélica se levanta e dá um tapa na cara dele.

ANGÉLICA:
Eu não quero nada com você.

LUCIEN:
Eu fiz tudo errado, né?

ANGÉLICA:
Claro que sim!

LUCIEN:
Eu vou recomeçar. Deixa eu te beijar, minha querida. Assim parece melhor?

ANGÉLICA:
Chega, Lucien.

Lucien a segura e tenta beijá-la em vão. Ele a joga sobre a cama, pula em cima dela e tenta beijá-la de novo. Angélica resiste com todas as suas forças e consegue se soltar.

LUCIEN:
Então me diz como você quer fazer?

ANGÉLICA:
Eu não quero fazer nada. Eu não quero nada com você. Você fede.

Angélica sai.

LUCIEN:
Eu vou deixar você ir embora, moça, mas eu te aconselho a pensar bem.

Lu entra. Lucien faz gestos como que pedindo que intervenha.

16.

Lu vai em direção dos Meyerbeers. Não encontra ninguém.

LU:
[*chamando*] Cristine?

Cristine entra.

LU:
Boa tarde, Cristine. Foi meu filho que me mandou aqui. Ele precisa falar com você.

CRISTINE:
Agora?

LU:
É urgente.

Lu passa na frente de Cristine e a acompanha até Lucien, depois deixa os dois a sós.

CRISTINE:
Algum problema?

LUCIEN:
Sim. Angélica.

CRISTINE:
Angélica é um problema?

LUCIEN:
Eu gosto muito dela. Mas ela não corresponde. Por quê?

CRISTINE:
Eu não tenho nenhum poder sobre os sentimentos da Angélica.

LUCIEN:
Você sabe em que época estamos vivendo? Você e a sua família, Lu e eu, nós somos os últimos brancos.

CRISTINE:
É verdade isso?

LUCIEN:
Sim, é verdade.
Sua filha está predestinada. Se ela não conseguir dominar os seus caprichos de menina, a história vai acabar aqui. Angélica é a última mulher branca fecundável sobre a terra.

CRISTINE:
E quem disse que eu não sou mais fecundável? Você pode me fecundar quando quiser.

LUCIEN:
Eu estou falando sério, por favor.

CRISTINE:
Eu também.

LUCIEN:
Eu amo a Angélica, não você.

CRISTINE:
Então você precisa seduzi-la. Faça um esforço.

LUCIEN:
Eu já tentei.

CRISTINE:
Você pediu de joelhos?

LUCIEN:
Sim.

CRISTINE:
Você leu pra ela?

LUCIEN:
Sim.

CRISTINE:
Você cantou e dançou?

LUCIEN:
Sim.

Silêncio.

LUCIEN:
Eu já fiz tudo isso, Cristine.

CRISTINE:
E ela te rejeitou?

LUCIEN:
Sim.

CRISTINE:
Você fez uma declaração de amor?

LUCIEN:
Não.

CRISTINE:
Mas então, Lucien, o que você quer? Uma declaração de amor faz milagres, sabia?

LUCIEN:
Você é muito insolente comigo, Senhora Meyerbeer.
Você parece não se dar conta do que está em jogo.
Eu sou a mão que te dá de comer, e estou te pedindo um favor.

CRISTINE:
Eu vou falar com ela.

LUCIEN:
Não, falar não basta. Eu quero resultados, tá me entendendo, Cristine?

CRISTINE:
Sim.

LUCIEN:
Obrigado. Eu não faço caridade, você sabe.

Cristine vai embora para casa.

CRISTINE:
[*chamando*] Angélica!

Lu entra do lado direito.

LU:
Mandou muito bem, Lucien.

Angélica entra do lado esquerdo.

ANGÉLICA:
O que foi?

CRISTINE:
Eu preciso falar com você.

ANGÉLICA:
Qual o problema?

CRISTINE:
Lucien está um pouco decepcionado com você.

ANGÉLICA:
Problema dele. Ele é um tosco. Ele não bate bem da cabeça.

CRISTINE:
Fica quieta um minuto e escuta sua mãe.

A gente vai resolver esse assunto sem drama. É uma coisinha de nada, mas um pouquinho importante.

ANGÉLICA:
Ele fede, mãe. Eu não quero nada com ele.

CRISTINE:
Eu sei o que agrada às mulheres e eu vou explicar tudo pra ele. Eu vou transformá-lo num cavalheiro.

ANGÉLICA:
Não vai adiantar nada. Eu não gosto dele.

CRISTINE:
Ainda não, mas daqui a pouco, sim. Ele vai virar um príncipe.

ANGÉLICA:
Não gaste sua energia com isso.

CRISTINE:
Minha querida, eu não quero te obrigar a nada.
Daqui a uns dias, ele vai vir falar com você de novo. Vai estar nos trinques. Com uma rosa na mão e um lindo sorriso. E você sempre vai poder dizer a última palavra.

ANGÉLICA:
Eu já disse a minha última palavra. E ele vir aqui com uma rosa, isso vai ser bem constrangedor, não?

CRISTINE:
Você quer, por favor, me deixar tentar?
Lucien Bouman é um homem excepcional, ele não sabe se comportar direito, só isso. Ele só recebeu a primeira demão, mas eu vou fazer todo o acabamento em verniz. Me dá esse prazer?

ANGÉLICA:
Tanto trabalho pra quê?

CRISTINE:
Você não confia na sua mãe? Eu só quero o melhor pra você. Espera só pra ver quando ele voltar.

Cristine pega alguma coisa numa gaveta e vai até Lucien. Lu está deitado na cama.

CRISTINE:
Lucien? Vai dar certo.

LUCIEN:
Não tenho dúvida.

CRISTINE:
Mas nós ainda temos um pouco de trabalho.

LUCIEN:
Como assim?

CRISTINE:
Eu não vou falar na frente dele.

LUCIEN:
Ele está do nosso lado.

CRISTINE:
Assim, de repente?

LU:
Eu já me acalmei, Cristine. Eu sei como a banda toca.

LUCIEN:
Lu me assessora em todos os meus negócios.

CRISTINE:
É você quem está com pressa, Lucien, eu posso esperar. Eu volto quando ele não estiver aqui.

Vai sair.

LUCIEN:
Espera, Cristine.

Cristine espera.

LUCIEN:
Lu?

Ele faz sinal para Lu sair.
Lu sai, mas não vai longe.

CRISTINE:
O seu próximo encontro com a Angélica vai precisar de alguns preparativos. Eu trouxe um presente pra você.

Ela lhe dá um sabonete.

LUCIEN:
Sabonete?

CRISTINE:
A Angélica é muito sensível aos odores.

LUCIEN:
Por acaso ela disse que eu cheiro mal?

CRISTINE:
Que diferença isso faz? O importante é estar cheiroso. Isso facilita muito as coisas.

LUCIEN:
Que audácia.

CRISTINE:
Eu sei do que as meninas gostam, eu também já fui uma.

Por exemplo, não é bom dizer coisas muito estranhas pra Angélica.

LUCIEN:
Não precisa me tratar como um garoto. Eu sei o que eu tenho que fazer. Eu vou precisar me dobrar em dois pra conseguir a sua filha?

CRISTINE:
Não, Lucien, mas não pode contrariá-la. Você precisa seduzi-la. Seja poético. Use umas metáforas: "Você é como uma fonte rodeada por jardins. Seus seios são como dois filhos gêmeos da gazela. Seu nome é como um precioso perfume."[1] Uma garota se sensibiliza com essas coisas.

LUCIEN:
Você quer que eu fale essas coisas?

CRISTINE:
Por que não? Você precisa lhe dar carinho, falar manso no ouvido dela.

LUCIEN:
Eu fiz o meu trabalho, e ela não apreciou nada. Já chega.

CRISTINE:
As mulheres têm um complexo de inferioridade. Do dia em

---

1. N. da T. Cântico dos cânticos 4:15; 7:3; 1:3.

que nascem até o dia em que morrem. Quando a gente elogia elas, a gente libera elas desse sentimento. Elas desejam ardentemente esse sopro mágico que vai fazer piscar sua pelve. Só as palavras de amor e de devoção, muito bem escolhidas, podem conseguir trazer esse sopro, e deixá-las disponíveis para receber um homem.

LUCIEN:

Chega, Cristine. Você acha que vou deixar você me transformar num fanfarrão, num falastrão desdentado com pezinhos de veado? Eu não vou fazer nenhuma concessão. Você tem que acertar as coisas com a Angélica, foi isso que eu te pedi.

CRISTINE:

Você me disse que gostava muito dela. Eu estou apenas te dizendo como você deve expressar seu amor.

LUCIEN:

O que eu sinto ou deixo de sentir não vem ao caso. Só me traga a Angélica, só isso.

CRISTINE:

As suas intenções são assim, tão frias e racionais?

LUCIEN:

É frieza querer salvar a raça branca?

CRISTINE:

Sem amor?

LUCIEN:

Você é assim tão ingênua? Eu estou dando uma chance pra Angélica assim como eu dei uma chance pra você. Você faz muito bem seu trabalho, mas um milhão de pessoas poderiam fazer o mesmo. Eu te dou dois dias pra trazer Angélica aqui, mansa como um carneirinho. Fui claro?

Cristine vai pra casa.

LU:
Mandou muito bem, Lucien.

17.

Angélica está sentada no sofá.

CRISTINE:
Lucien não é um príncipe e nunca vai ser.

ANGÉLICA:
Você não devia ter se dado ao trabalho.

CRISTINE:
Eu vou te explicar uma coisa. Você é uma moça forte e eu te amo. Eu tenho um emprego e ganho dinheiro. Makin, você e seu pai aproveitam muito bem de tudo isso. Lucien quer ter um filho com você. Ele não quer se casar. Ele só quer um filho. A gente não vai se fazer de difícil, não é mesmo?

ANGÉLICA:
Quer dizer que eu tenho que transar com o Lucien mesmo tendo nojo dele?

CRISTINE:
Nós, mulheres, temos esse dom. Com um pouco de sorte, ele vai precisar te penetrar uma vez só.

ANGÉLICA:
E depois?

CRISTINE:
Depois que você tiver a criança Lucien vai ficar com ela. Isso é uma missão, um trabalho que tem que ser feito pelo bem-estar do seu pai, da sua mãe e do seu irmão.

ANGÉLICA:
Você quer que o Lucien se deite em cima de mim? Que ele trepe comigo, mesmo eu não querendo?

CRISTINE:
Que palavreado é esse? Isso se trata de uma fecundação, de uma inseminação.

ANGÉLICA:
Se ele não quer casar comigo, por que ele quer um filho meu?

CRISTINE:
Pra salvar nossa espécie. Ele diz que nós somos os últimos. Você é a única que pode colocar no mundo uma criança branca.

ANGÉLICA:
Eu tenho que trepar com um maluco.

CRISTINE:
Ele tá explodindo dentro das calças. Ele não vai demorar nem dois minutos. Você pode pensar num jardim florido, no mar, no sol, na praia. Dois minutos. [*ela estala os dedos*] Pronto, acabou.

Pão, vinho, cremes, açúcar e manteiga.

ANGÉLICA:
Ele fede.

CRISTINE:
Eu dei um sabonete pra ele.

ANGÉLICA:
Eu não gosto mesmo dele, mãe.

CRISTINE:
Mas pensa no resultado...Meu Deus. Você sabe por quanto eu fiz isso quando eu era jovem? Por um par de meias, uma garrafa de vinho, por figurinhas.

Angélica sai.

CRISTINE:
Pelo amor de Deus, Angélica, de quantos argumentos mais você precisa?

18.

Arno está deitado no sofá. Lu aparece com um rastelo e uma gaiola na mão.

LU:
Eu estava na beira do canal e vi uma carpa passando bem diante dos meus olhos. Eu atravessei o bosque e cheguei perto do rio,

eu vi um unicórnio pastando. Eu atravessei a estrada sem ser atropelado. Que dia! Um dia cheio de promessas. E aí eu soube que você estava doente.

ARNO:
Eu não estou doente.

LU:
Mas você está com um péssimo aspecto, Arno. Seu olhar está sem brilho. Estão dizendo que você está com o humor sombrio.

ARNO:
Quem?

LU:
Eu trouxe um passarinho pra você. Um mandarim. Eles têm um canto maravilhoso.

ARNO:
Eu não tô ouvindo nada.

LU:
Ele precisa se ambientar.

Posso deixar ele aqui?

Ele coloca a gaiola na mesa.

ARNO:
Eu não gosto da sua companhia.

LU:
Pra começar, um dia eu te roubei uma nota de dez. Eu vim te devolver. [*ele pega a nota no bolso e dá para Arno*] Eu tenho também um anel que era seu.[*tira um anel e entrega para Arno, pega o rastelo*] E um rastelo. Eu peguei emprestado com você um dia e nunca devolvi.

Encosta o rastelo na parede da oficina.

ARNO:
Da última vez foi um botijão de gás, agora um rastelo, eu realmente tenho uma sorte louca.

LU:
É o gesto que conta.

ARNO:
Eu preciso dormir.

LU:
Não, você não precisa dormir, você precisa ficar bem acordado.

ARNO:
Eu caí do meu pedestal Lu.

LU:
É por isso que eu vim aqui pra te alegrar.

Vamos, Arno, nossas famílias vão se unir. E de que maneira. Pela carne.

ARNO:
Isso me dá vontade de vomitar.

LU:
[*se inclina sobre ele e sussurra*] Se isso te dá vontade de vomitar, você devia se levantar e fazer alguma coisa. Levante e reaja.

ARNO:
Já tá tudo acertado.

LU:
Levante e reaja. Você é um pai, você tem uma filha na flor da idade, e você odeia o pretendente dela e a família dele. Do que mais você precisa?

Arno se levanta.

ARNO:
[*gritando*] Angélica!!!

Angélica entra.

ANGÉLICA:
É algo muito importante? Porque eu tô supercansada.

ARNO:
Foge, Angélica, vai na direção das dunas, vai pro lado norte do canal, tanto faz. Vai se esconder.

ANGÉLICA:
Por quê?

ARNO:
Pra escapar do Lucien.

ANGÉLICA:
A mãe não te contou?

ARNO:
Não dá pra confiar na sua mãe. Você precisa ir embora o mais rápido possível. Mas aonde você for, tem que ficar esperta. Não confie em nenhum animal. Fique perto da água.

Cristine entra.

CRISTINE:
Angélica não vai a lugar nenhum. [*para Angélica*] Vá pro seu quarto, querida.

Angélica sai.

CRISTINE:
Eu e Angélica temos um acordo e você não vai estragar tudo.

ARNO:
[*para Lu*] Eu te disse. Já tá tudo acertado.

CRISTINE:
Com quem você tá falando Arno?

LU:
Não precisa ficar com vergonha. Pelo menos você tentou.

ARNO:
Tentativa inútil.

CRISTINE:
Você não tá bem, querido. É melhor você se deitar.

ARNO:
Eu não estou doente.

LU:
Escuta a Cristine. Você precisa descansar.

ARNO:
Eu tenho que ouvir a Cristine?

CRISTINE:
Com quem você está falando, Arno?

ARNO:
Eu só vou dormir se você me der um beijinho.

CRISTINE:
Tá bem, eu te dou um beijinho.

Cristine beija Arno. Ela sai.

Lu pega a gaiola e vai até a oficina e bate na porta. Makin abre.

LU:
Bom dia, Makin. Eu dei este mandarim pro seu pai, mas ele está doente. Será que você pode dar comida pra ele de vez em quando?

Ele segura a gaiola na frente do nariz de Makin.

MAKIN:
Eu tenho que dar comida pra um passarinho, sério?

LU:
Pro seu pai, ele tá doente.

MAKIN:
Meu pai, doente?

LU:
Ele tá péssimo.

MAKIN:
Desde quando?

LU:
Ele tá doente, Makin. Ele ainda vai ter que engolir muita coisa. Um passarinho traz um pouco de conforto.

Makin pega a gaiola.

LU:
Obrigado, Makin, é muito gentil da sua parte.

Makin fecha a porta e Lu volta a ver Arno, que adormeceu. Ele pega o dinheiro de volta e coloca no bolso do casaco.

LU:
Eu sempre achei que você era um policial confiável, Arno.

Lu volta para casa e vai se deitar.

19.

Lucien, de pijama, se olha no espelho. Lu cheira cola. Cristine chega.

CRISTINE:
Você se lavou?

LUCIEN:
Sim.

CRISTINE:
Com o sabonete?

LUCIEN:
Sim.

Cristine volta para casa. Ela ajuda Angélica a colocar um vestido de algodão branco. Ela dá um laço no vestido. Arno espia. Ao longe, ouvimos percussões africanas.

ANGÉLICA:
Você pode me dar um Metoprolol, por favor?

Arno dá um remédio para ela. Depois eles vão até a casa dos Boumans.

Lucien está sentado na beirada da cama. Ele se levanta quando Angélica entra. Lu aperta a mão de Arno. Angélica fica imóvel, olhando para Lucien. Cristine dá um empurrãozinho de leve em Angélica. Ela anda na direção de Lucien, mas fica longe.

Cristine ajuda Angélica a tirar o vestido. Em seguida, vestindo apenas uma calcinha branca, ela a deita na cama. Cristine a cobre. Angélica tira a calcinha e a entrega para mãe.

Em seguida Lu ajuda Lucien a tirar a calça do pijama. Cristine levanta o lençol. Quando Lucien se deita sobre Angélica, ela cobre os dois.

Cristine, Lu e Arno se colocam em volta da cama.

Lu faz um sinal para Lucien. O acasalamento começa.

Lu e Arno se viram, Cristine continua olhando.

Rapidamente Lucien deixa escapar um grunhido.

LU:
Pronto?

CRISTINE:
Pronto.

Cristine levanta o lençol, Lucien sai da cama. Lu o ajuda a colocar o pijama. Cristine dá a calcinha para Angélica, que a coloca embaixo do lençol e sai da cama. Cristine ajuda Angélica a colocar o vestido, mas quando ela vai dar o laço Angélica empurra-lhe o braço. Distante dos outros, ela fecha o vestido sozinha.

Lu vai buscar uma bandeja com quatro copos e uma bebida forte. Cristine, Arno e Lucien vão até a mesa. Angélica fica de lado, meio perdida. Os outros ficam absorvidos pelos copos sendo servidos.

Angélica olha para eles e um pouco depois vai para casa.

Enquanto os copos estão sendo erguidos e esvaziados na casa dos Boumans, Angélica se encontra sozinha, na casa vazia.

Makin sai da oficina, com um formão na mão esquerda. Ele abraça Angélica num gesto de conforto. Eles se olham.

Com um gesto veemente, ele dá dois golpes no corpo de Angélica com o formão. Angélica morre.

No outro lado, Lu enche novamente os copos.

Makin coloca Angélica deitada no sofá. E volta para a oficina.

O som da percussão africana se aproxima, fica cada vez mais forte.

Do lado direito eles brindam.

A luz cai.

O som da percussão fica ensurdecedor.

Depois, o silêncio se faz.

FIM

Sobre a Coleção
Dramaturgia Holandesa

A Coleção Dramaturgia teve seus primeiros títulos publicados em 2012, pela Editora Cobogó, com textos de jovens dramaturgos contemporâneos brasileiros. Com a ideia de registrar e refletir a respeito dos textos de teatro escritos em nosso tempo, no momento que as peças estavam sendo criadas e encenadas, esses livros chegaram às mãos de seus leitores — espectadores, estudantes, autores, atores e gente de teatro em geral — para ampliar as discussões sobre o papel do texto dramatúrgico, sobre o quanto esses textos são literatura, se bastava lê-los ou se seria preciso encená-los para se fazerem completos, e muito mais. Mais que as respostas a essas questões, queríamos trazer perguntas, debater modelos de escrita e seus desdobramentos cênicos, experimentar a leitura compartilhada dos textos, ou em silêncio, e ampliar o entendimento da potência da dramaturgia.

Nesse caminho, publicamos diversas peças de autores como Jô Bilac, Grace Passô, Patrick Pessoa, Marcio Abreu, Pedro Kosovski, Jhonny Salaberg, Felipe Rocha, Daniela Pereira de Carvalho, Jorge Furtado, Guel Arraes, Silvero Pereira, Vinicius Calderoni, Gregorio Duvivier, Luisa Arraes, Diogo Liberano e muitos outros. Trouxemos também para a coleção autores estrangeiros como Wajdi Mouawad (*Incêndios*), Daniel MacIvor (*Cine Monstro, In on It* e *A primeira vista*), Hanoch Levin (*Krum*) e mais recentemente Samuel Beckett (*Não eu, Passos* e *Cadência*), todos com suas versões para o português encenadas no Brasil.

Esse projeto de pequenos livros contendo cada um o texto dramático de uma peça, além de ensaios críticos sobre ela, se fez potente e foi ampliando o espaço que os livros de teatro ocupavam nas estantes das livrarias brasileiras. Se no começo nos víamos em pequeno volume nas prateleiras, com o tempo fomos testemunhando o crescimento dos volumes nas estantes, e mesmo o interesse de mais e mais autores de teatro, assim como de outras editoras, em publicar peças em livros.

Em 2015, ampliamos o espectro da coleção ao nos juntarmos a Márcia Dias e ao Núcleo dos Festivais Internacionais de Artes Cênicas do Brasil no projeto de difusão de dramaturgia estrangeira no Brasil e brasileira pelo mundo. Márcia, há anos a frente do TEMPO_FESTIVAL juntamente com César Augusto e Bia Junqueira, parceiros nossos em tantas publicações, convidou a Cobogó para ser a editora dos textos que vieram a constituir a Coleção Dramaturgia Espanhola, composta por dez livros com dez peças de dramaturgos espanhóis contemporâneos. Em 2019, foi a vez de a Dramaturgia Francesa virar coleção de livros, e dessa vez o projeto incluía, também, oito dramaturgos brasileiros a serem traduzidos e publicados na França. Numa troca de experiências interessantíssima, já que cada dramaturgo francês publicado no Brasil era traduzido pelo mesmo dramaturgo brasileiro, que seria traduzido por ele, para a publicação na França.

Em 10 anos e com mais de oitenta títulos de teatro publicados na Coleção Dramaturgia da Cobogó, publicar a Coleção Dramaturgia Holandesa é um desafio saboroso e instigante.

Pela primeira vez, nossos dramaturgos-tradutores não dominavam o idioma original e, com isso, era preciso trabalhar a partir de diferentes traduções de cada peça, por exemplo, para o inglês, o francês ou o alemão, com a imprescindível colaboração de Mariângela Guimarães e de sua experiência na tradução de textos originais do holandês para o português do Brasil.

Na tradução dos textos, não apenas a língua é vertida, como há também a adequação de referências culturais importantes para a estrutura dramática e narrativa das peças, que precisam ser trabalhadas a fim de trazer ao leitor brasileiro o universo do texto original, dos personagens e das situações, para que cheguem ao idioma de destino preservando a atmosfera do texto, embalado pelas novas palavras, agora em português, que reacendem e iluminam seus significados originais.

Traduzir é parte da prática teatral. Traduzem-se os textos para a cena. Gestos, falas, cenários, figurinos, luz, movimentos são todos, de certo modo, traduzidos a partir de ideias da dramaturgia, além de tantas outras que se constroem na prática teatral. Claro que nesse caso, uma tradução livre, por assim dizer, que toma as liberdades que cada artista envolvido no processo de construção do espetáculo desejar, levados pelas mãos do diretor.

Com o propósito de trazer para o público brasileiro as peças da Coleção Dramaturgia Holandesa, foram convidados os dramaturgos-tradutores Giovana Soar para *No canal à esquerda*, de Alex van Warmerdam; Newton Moreno para *A nação — Uma peça em seis episódios*, de Eric de Vroedt; Cris Larin para *Ressaca de palavras*, de Frank Siera; Ivam Cabral e Rodolfo García Vázquez para *Planeta Tudo*, de Esther Gerritsen; e Jonathan Andrade — o único com conhecimento do idioma holandês por ter vivido no Suriname na infância — para *Eu não vou fazer Medeia*, de Magne van den Berg.

É com imensa alegria que levamos aos leitores brasileiros mais esse incremento à Coleção Dramaturgia, ampliando essa parceria longeva e tão bem-vinda com Márcia Dias e o seu TEMPO_FESTIVAL, com o Núcleo dos Festivais Internacionais de Artes Cênicas do Brasil, com Anja Krans e o Performing Arts Fund NL e, acima de tudo, com o apoio fundamental do Dutch Foundation for Literature, na figura de Jane Dinmohamed, que, com seu programa de divulgação da literatura holandesa no mundo, tornou possível a realidade desses livros de Dramaturgia Holandesa no Brasil.

Isabel Diegues
Editora Cobogó

Sob as lentes da internacionalização de dramaturgias: Países Baixos em foco

Do Parque das Ruínas, avistamos frases que escorrem por um painel de led fixado num prédio no Centro do Rio de Janeiro. A distância de 2 quilômetros que nos separa é vencida pelas lentes da luneta que aperto contra meu olho. Focalizo minha atenção nos textos que integram "uma instalação onde os cariocas poderão se despedir de crenças, pensamentos e visões de mundo que estão com seus dias contados", como dizia o *release* da época. Essa experiência premonitória aconteceu no distante ano de 2012. A obra, que me convocou a pensar nas transformações do nosso tempo e a olhar novos futuros no horizonte, se chamava *Fare Thee Well,* ou *Adeus*, em tradução livre.

Esse trabalho, do artista Dries Verhoeven, integrou o Recorte da Cena Holandesa, apresentado pela curadoria da segunda edição do TEMPO_FESTIVAL. A obra nos aproximava das mudanças que vinham ocorrendo e, metaforicamente, tremulava pelo led cintilante diante dos nossos olhos: o mundo não é mais o mesmo. Embora seja uma memória distante, hoje, percebo quanto, naquele momento, *Fare Thee Well* antecipava e ampliava questões caras para mim e pelas quais eu iria me dedicar nos anos seguintes. Por outro ângulo, esse projeto foi responsável por me reaproximar da produção artística holandesa que me havia sido apresentada pelos artistas Cláudia Maoli e Carlos Lagoeiro, do grupo Munganga, radicados na Holanda desde o fim da década de 1980.[1]

Seguindo essa rota, o TEMPO_FESTIVAL ainda viabilizou a tradução do texto *Mac*, escrito por Jibbe Willems, e *Veneno*, de autoria de Lot Vekemans; idealizou, junto com Jorn Konijn, o projeto HOBRA durante os Jogos Olímpicos, que reuniu criações de artistas brasileiros e holandeses; coproduziu a exposição Adventures in Cross-Casting e a videoinstalação *Monólogos de gênero*, da artista visual Diana Blok; além de ter proposto a residência artística Vamos Fazer Nós Mesmos, com o coletivo Wunderbaum.

Ao longo dos anos, ampliei meu alcance de atuação e gerei aproximações entre países, culturas e visões de mundo. Investi em processos de intercâmbio, e assim nasceu o projeto Internacionalização de Dramaturgias. As primeiras experiências focaram em obras de autores espanhóis e franceses. Os textos traduzidos fazem parte da Coleção Dramaturgia, do catálogo da Editora Cobogó, e, com a colaboração dos parceiros do Núcleo dos Festivais de Artes Cênicas do Brasil, difundimos as obras pelo país. Juntos, envolvemos diferentes artistas nacionais de teatro, promovemos encontros entre encenadores e autores, incentivamos a realização das montagens das obras e estimulamos o intercâmbio de processos e procedimentos artísticos. Essas atividades geraram integração, fortaleceram as trocas

---

1. Depois do sucesso do premiado espetáculo *Bailei na curva*, no Rio de Janeiro, em 1985, participaram do Festival Internacional de Expressão Ibérica e decidiram seguir a vida na arte em Amsterdam. Criaram a Companhia Munganga, com a qual escreveram e produziram 26 espetáculos e, em 2014, inauguraram o Teatro Munganga, onde se apresentam e abrem espaço para outros artistas.

culturais e trouxeram ao público brasileiro uma visão atual e vibrante do Teatro produzido nesses países.

Agora, a terceira edição do projeto renova expectativas. Com a Coleção Dramaturgia Holandesa, as peças ganharão novos olhares que oferecerão abordagens e encenações singulares. Para a seleção dos textos, apresentei ao Performing Arts Fund NL os critérios que orientam o projeto: textos teatrais contemporâneos escritos por autores vivos; obras contempladas com, ao menos, um prêmio de dramaturgia no país; trabalhos com potencial de despertar o interesse do público brasileiro, pouco familiarizado com a produção holandesa. Na primeira etapa desse desafio, me debrucei sobre trinta textos com a ingrata tarefa de escolher apenas cinco obras de cinco autores. Os trabalhos reunidos nesta coleção, apesar das diferenças sociopolíticas e culturais, trazem diálogos, conflitos, reflexões e perspectivas que equilibram contraste e identificação.

Pela realização desta nova etapa, agradeço o apoio do Dutch Foundation for Literature, instituição que apoia escritores e tradutores e promove a literatura holandesa no exterior, e a reiterada confiança depositada no projeto pelo Performing Arts Fund NL, programa cultural do governo holandês que apoia diversos segmentos artísticos, com atenção especial à internacionalização, à diversidade cultural e ao empreendedorismo. Essas instituições foram fundamentais e deram lastro ao projeto de Internacionalização da Dramaturgia Holandesa. Esta jornada só foi possível com a parceria dos companheiros de aventura, a quem dedico meu carinho especial, como Anja Krans, com quem pude contar inúmeras vezes; a Editora Cobogó; aos integrantes do Núcleo dos Festivais Internacionais de Artes Cênicas do Brasil e aos meus parceiros do TEMPO_FESTIVAL, Bia Junqueira e César Augusto, que me emprestam energia e inspiração para seguir a travessia na busca de novos territórios.

Apesar dos tempos que correm, continuarei colocando artistas, obras e públicos em contato. Por onde avistar receptividade, ampliarei a biblioteca do projeto de Internacionalização de Dramaturgias. O mundo é grande e minha luneta, inquieta.

Márcia Dias
Diretora da Buenos Dias —
Projetos e Produções Culturais

Criando laços entre Brasil e Holanda

O Performing Arts Fund NL é o fundo nacional de cultura para teatro, música, teatro musical e dança da Holanda e fornece apoio, em nome do governo holandês, a todas as formas de arte das performances profissionais. Um dos nossos objetivos é promover internacionalmente a obra de dramaturgos contemporâneos baseados na Holanda. Em colaboração com Márcia Dias, do TEMPO_FESTIVAL, procuramos vozes interessantes do teatro atual e cinco peças teatrais de língua holandesa foram selecionadas para receber tradução brasileira. Essa seleção também retrata a multiplicidade de vozes e opiniões da sociedade moderna. Os textos são um reflexo do universo teatral holandês e ao mesmo tempo convidam profissionais brasileiros a criar laços entre os dois continentes e os dois países. A apresentação dessas obras no Brasil em festivais de prestígio, reunidos sob o nome Núcleo dos Festivais de Artes Cênicas do Brasil, fortalecerá ainda mais esses laços e contribuirá para o diálogo entre o Brasil e a Holanda — um intercâmbio crescente e permanente de arte e conhecimento que não pode ser paralisado pela pandemia.

Anja Krans
Gerente de programação — Performing Arts Fund NL

Para mais informações, visite https://fondspodiumkunsten.nl

Núcleo dos Festivais: Colecionar, um verbo que se conjuga junto

O Núcleo dos Festivais Internacionais de Artes Cênicas do Brasil está comprometido com o desenvolvimento socioeconômico e educacional, com o bem-estar e a promoção das artes cênicas do país. Sua missão é intensificar o intercâmbio cultural e estimular novas experiências artísticas. Desde 2003, os festivais que compõem o Núcleo, juntos, vêm formando uma rede em que circulam milhares de espetáculos e ações pelos estados da Bahia, de Minas Gerais, de Pernambuco, do Paraná, do Rio de Janeiro, do Rio Grande do Sul, de São Paulo e do Distrito Federal.

Márcia Dias, diretora e curadora do TEMPO_FESTIVAL, integrante do Núcleo e idealizadora do projeto de Internacionalização de Dramaturgias, convidou o coletivo para participar do projeto e, assim, ampliar a abrangência territorial e agregar um maior número de artistas e públicos. Essa relação e cooperação estimulou o intercâmbio, processos colaborativos de criação e a internacionalização de artistas e obras de artes cênicas. O Núcleo produziu as duas primeiras edições que traduziram as obras de autores espanhóis e franceses contemporâneos seguidas de encenação.

Em 2015, a Coleção Dramaturgia Espanhola gerou desdobramentos: quatro montagens teatrais,[1] uma indicação a prêmio[2] e a produção de um filme de longametragem exibido por diversos festivais.[3] Em 2019, foi realizada a Nova Dramaturgia Francesa e Brasileira. A segunda experiência do projeto construiu uma via de mão dupla, traduziu e difundiu a dramaturgia francesa para o português (Coleção Dramaturgia Francesa, Editora Cobogó) e textos brasileiros, traduzidos para o francês. Por conta da pandemia de covid-19, as ações decorrentes da tradução dos textos brasileiros para o francês precisaram ser reprogramadas para 2023, quando as leituras dramáticas ocupam o Théâtre National de La Colline, em Paris; Festival Actoral, em Marselha; e La Comédie de Saint-Étienne, na cidade que dá nome ao teatro.

Agora, a terceira edição do projeto de Internacionalização de Dramaturgias constrói uma parceria com os Países Baixos, em que artistas brasileiros de diferentes regiões do país traduzem as obras holandesas e realizam leituras dramáticas dos textos. Em formato de residência artística, encenadoras/es brasileiras/os,

---

1. *A paz perpétua*, de Juan Mayorga, direção de Aderbal Freire-Filho (2016), indicação ao 29º Prêmio Shell de Teatro na categoria de Melhor Direção e ao 11º Prêmio APTR nas categorias de Melhor Direção e Melhor Espetáculo; *O princípio de Arquimedes*, de Josep Maria Miró, direção de Daniel Dias da Silva, Rio de Janeiro (2017); *Atra Bílis*, de Laila Ripoll, direção de Hugo Rodas (2018); *CLIFF* (Precipício), de Alberto Conejero López, com Gustavo Gasparani, sob a direção de Fernando Philbert, que não estreou em 2021 por causa da pandemia.
2. Indicação na Categoria Especial do 5º Prêmio Questão de Crítica, 2016.
3. *Aos teus olhos*, adaptação de *O princípio de Arquimedes*, com direção de Carolina Jabor (2018), ganhou os prêmios de Melhor Roteiro (Lucas Paraizo), Ator (Daniel de Oliveira), Ator Coadjuvante (Marco Ricca) e Melhor Longa de Ficção, pelo voto popular, no Festival do Rio; o Prêmio Petrobras de Cinema, na 41ª Mostra de São Paulo, de Melhor Filme de Ficção Brasileiro; e os prêmios de Melhor Direção, no 25º Mix Brasil, e Melhor Filme da mostra SIGNIS, no 39º Festival de Havana.

autoras/es holandesas/es e companhias de teatro locais compartilham o processo criativo que apresentam ao público no lançamento das publicações, que acontece nos Festivais do Núcleo.

Nesta edição, foram convidadas/os para as traduções: Cris Larin (*Ressaca de palavras* [*Spraakwater*], de Frank Siera); Giovana Soar (*No canal à esquerda* [*Bij Het Kanaal Nar Links*], de Alex van Warmerdam); Ivam Cabral e Rodolfo García Vázquez (*Planeta Tudo* [*Allees*], de Esther Gerritsen); Jonathan Andrade (*Eu não vou fazer Medeia* [*Ik Speel Geen Medea*], de Magne van den Berg); e Newton Moreno (*A nação — Uma peça em seis episódios* [*The Nation*], de Eric de Vroedt). Esses textos que formam a Coleção Dramaturgia Holandesa, publicados pela Editora Cobogó, dão continuidade e ampliam a biblioteca do projeto e a disponibilidade de novos textos para criadores de língua portuguesa.

Fazer parte desse processo, conhecer a dramaturgia holandesa, gerar encontros entre artistas e promover novas experiências é uma maneira de nos aproximar e construir relações, verbos que ganharam outra dimensão com a pandemia. Neste projeto, o Núcleo dos Festivais Internacionais de Artes Cênicas do Brasil reafirma seu compromisso com a comunidade artística e seu papel no desenvolvimento do país, através da cultura. Colecionemos boas histórias, memórias e relações!

Núcleo dos Festivais Internacionais de Artes Cênicas do Brasil

Cena Contemporânea – Festival Internacional de Teatro de Brasília

Festival Internacional de Artes Cênicas da Bahia – FIAC BAHIA

Festival Internacional de Londrina – FILO

Festival Internacional de Teatro de São José do Rio Preto – FIT Rio Preto

Mostra Internacional de Teatro de São Paulo – MITsp

Porto Alegre em Cena – Festival Internacional de Artes Cênicas

RESIDE _ FIT/PE – Festival Internacional de Teatro de Pernambuco

TEMPO_FESTIVAL – Festival Internacional de Artes Cênicas do Rio de Janeiro

CIP-BRASIL. CATALOGAÇÃO NA PUBLICAÇÃO
SINDICATO NACIONAL DOS EDITORES DE LIVROS, RJ

W241n

Warmerdam, Alex van

No canal à esquerda / Alex van Warmerdam ; tradução Giovana Soar ; consultoria de tradução Mariângela Guimarães. - 1. ed. - Rio de Janeiro : Cobogó, 2022.
160 p. ; 19 cm. (Dramaturgia holandesa)

Tradução de: Bij het kanaal naar links
ISBN 978-65-5691-062-8

1. Teatro holandês. I. Soar, Giovana. II. Guimarães, Mariângela. III. Título. VI. Série.

22-76622   CDD: 839.312
                 CDU: 82-2(492)

Meri Gleice Rodrigues de Souza - Bibliotecária - CRB-7/6439

Nenhuma parte desta obra pode ser reproduzida, adaptada, encenada, registrada em imagem e/ou som, ou transmitida de nenhuma forma ou por nenhum meio sem a permissão expressa e por escrito da Editora Cobogó.

Todos os direitos em língua portuguesa reservados à
Editora de Livros Cobogó Ltda.
Rua Gen. Dionísio, 53, Humaitá
Rio de Janeiro — RJ — Brasil — 22271-050
www.cobogo.com.br

© Editora de Livros Cobogó, 2022

Editora-chefe
Isabel Diegues

Editora
Aïcha Barat

Gerente de produção
Melina Bial

Consultoria de tradução
Mariângela Guimarães

Colaboração na tradução
Alex van Warmerdam e Arie Pos

Revisão final
Eduardo Carneiro

**Projeto gráfico de miolo
e diagramação**
Mari Taboada

Capa
Radiográfico

A Coleção Dramaturgia Holandesa faz parte do projeto de Internacionalização de Dramaturgias

Idealização
Márcia Dias

Direção artística e de produção
Márcia Dias

Coordenação geral Holanda
Anja Krans

Coordenação geral Brasil
Núcleo dos Festivais Internacionais de Artes Cênicas do Brasil

Realização
Buenos Dias
Projetos e Produções Culturais

Esta publicação foi viabilizada com apoio financeiro da Dutch Foundation for Literature.

COLEÇÃO DRAMATURGIA

ALGUÉM ACABA DE MORRER LÁ FORA, de Jô Bilac

NINGUÉM FALOU QUE SERIA FÁCIL, de Felipe Rocha

TRABALHOS DE AMORES QUASE PERDIDOS, de Pedro Brício

NEM UM DIA SE PASSA SEM NOTÍCIAS SUAS, de Daniela Pereira de Carvalho

OS ESTONIANOS, de Julia Spadaccini

PONTO DE FUGA, de Rodrigo Nogueira

POR ELISE, de Grace Passô

MARCHA PARA ZENTURO, de Grace Passô

AMORES SURDOS, de Grace Passô

CONGRESSO INTERNACIONAL DO MEDO, de Grace Passô

IN ON IT | A PRIMEIRA VISTA, de Daniel MacIvor

INCÊNDIOS, de Wajdi Mouawad

CINE MONSTRO, de Daniel MacIvor

CONSELHO DE CLASSE, de Jô Bilac

CARA DE CAVALO, de Pedro Kosovski

GARRAS CURVAS E UM CANTO SEDUTOR, de Daniele Avila Small

OS MAMUTES, de Jô Bilac

INFÂNCIA, TIROS E PLUMAS, de Jô Bilac

NEM MESMO TODO O OCEANO, adaptação de Inez Viana do romance de Alcione Araújo

NÔMADES, de Marcio Abreu e Patrick Pessoa

CARANGUEJO OVERDRIVE, de Pedro Kosovski

BR-TRANS, de Silvero Pereira

KRUM, de Hanoch Levin

MARÉ/PROJETO BRASIL, de Marcio Abreu

AS PALAVRAS E AS COISAS, de Pedro Brício

MATA TEU PAI, de Grace Passô

ÃRRÃ, de Vinicius Calderoni

JANIS, de Diogo Liberano

NÃO NEM NADA, de Vinicius Calderoni

CHORUME, de Vinicius Calderoni

GUANABARA CANIBAL, de Pedro Kosovski

TOM NA FAZENDA, de Michel Marc Bouchard

OS ARQUEÓLOGOS, de Vinicius Calderoni

ESCUTA!, de Francisco Ohana

ROSE, de Cecilia Ripoll

O ENIGMA DO BOM DIA, de Olga Almeida

A ÚLTIMA PEÇA, de Inez Viana

BURAQUINHOS OU O VENTO É INIMIGO DO PICUMÃ, de Jhonny Salaberg

PASSARINHO, de Ana Kutner

INSETOS, de Jô Bilac

A TROPA, de Gustavo Pinheiro

A GARAGEM, de Felipe Haiut

SILÊNCIO.DOC, de Marcelo Varzea

PRETO, de Grace Passô,
Marcio Abreu e Nadja Naira

MARTA, ROSA E JOÃO,
de Malu Galli

MATO CHEIO, de Carcaça
de Poéticas Negras

YELLOW BASTARD,
de Diogo Liberano

SINFONIA SONHO,
de Diogo Liberano

SÓ PERCEBO QUE ESTOU
CORRENDO QUANDO VEJO QUE
ESTOU CAINDO, de Lane Lopes

SAIA, de Marcéli Torquato

DESCULPE O TRANSTORNO,
de Jonatan Magella

TUKANKÁTON + O TERCEIRO
SINAL, de Otávio Frias Filho

SUELEN NARA IAN,
de Luisa Arraes

SÍSIFO, de Gregorio Duvivier
e Vinicius Calderoni

HOJE NÃO SAIO DAQUI,
de Cia Marginal e Jô Bilac

PARTO PAVILHÃO,
de Jhonny Salaberg

A MULHER ARRASTADA,
de Diones Camargo

CÉREBRO_CORAÇÃO,
de Mariana Lima

O DEBATE, de Guel Arraes
e Jorge Furtado

BICHOS DANÇANTES, de Alex Neoral

A ÁRVORE, de Silvia Gomez

CÃO GELADO, de Filipe Isensee

PRA ONDE QUER QUE EU VÁ SERÁ
EXÍLIO, de Suzana Velasco

DAS DORES, de Marcos Bassini

VOZES FEMININAS – NÃO EU,
PASSOS, CADÊNCIA,
de Samuel Beckett

PLAY BECKETT: UMA PANTOMIMA
E TRÊS DRAMATÍCULOS –
ATO SEM PALAVRAS II, COMÉDIA,
CATÁSTROFE, IMPROVISO DE OHIO,
de Samuel Beckett

COLEÇÃO DRAMATURGIA ESPANHOLA

A PAZ PERPÉTUA, de Juan Mayorga | Tradução Aderbal Freire-Filho

ATRA BÍLIS, de Laila Ripoll | Tradução Hugo Rodas

CACHORRO MORTO NA LAVANDERIA: OS FORTES, de Angélica Liddell | Tradução Beatriz Sayad

CLIFF (PRECIPÍCIO), de José Alberto Conejero | Tradução Fernando Yamamoto

DENTRO DA TERRA, de Paco Bezerra | Tradução Roberto Alvim

MÜNCHAUSEN, de Lucía Vilanova | Tradução Pedro Brício

NN12, de Gracia Morales | Tradução Gilberto Gawronski

O PRINCÍPIO DE ARQUIMEDES, de Josep Maria Miró i Coromina | Tradução Luís Artur Nunes

OS CORPOS PERDIDOS, de José Manuel Mora | Tradução Cibele Forjaz

APRÈS MOI, LE DÉLUGE (DEPOIS DE MIM, O DILÚVIO), de Lluïsa Cunillé | Tradução Marcio Meirelles

COLEÇÃO DRAMATURGIA FRANCESA

É A VIDA, de Mohamed El Khatib | Tradução Gabriel F.

FIZ BEM?, de Pauline Sales | Tradução Pedro Kosovski

ONDE E QUANDO NÓS MORREMOS, de Riad Gahmi | Tradução Grupo Carmin

PULVERIZADOS, de Alexandra Badea | Tradução Marcio Abreu

EU CARREGUEI MEU PAI SOBRE MEUS OMBROS, de Fabrice Melquiot | Tradução Alexandre Dal Farra

HOMENS QUE CAEM, de Marion Aubert | Tradução Renato Forin Jr.

PUNHOS, de Pauline Peyrade | Tradução Grace Passô

QUEIMADURAS, de Hubert Colas | Tradução Jezebel De Carli

COLEÇÃO DRAMATURGIA HOLANDESA

EU NÃO VOU FAZER MEDEIA, de Magne van den Berg | Tradução Jonathan Andrade

RESSACA DE PALAVRAS, de Frank Siera | Tradução Cris Larin

PLANETA TUDO, de Esther Gerritsen | Tradução Ivam Cabral e Rodolfo García Vázquez

NO CANAL À ESQUERDA, de Alex van Warmerdam | Tradução Giovana Soar

A NAÇÃO - UMA PEÇA EM SEIS EPISÓDIOS, de Eric de Vroedt | Tradução Newton Moreno